韓国がなくても日本経済はまったく心配ない

新宿会計士

WAC

はじめに

本書を手に取ってくださった方であれば、大なり小なり、韓国に何らかの不満や疑問を抱いているのではないかと思います。

著者は現在、都内で会社を経営するかたわら、「金融評論家」として、2016年7月以来、『新宿会計士の政治経済評論』というウェブ評論サイトを更新し続けています。このサイトは「読んでくださる方々の知的好奇心を刺激すること」を目的に、政治、経済などの分野からそのときどきの話題を選び、「このままでは日本は財政破綻《はたん》する」「日本は財政再建が必要だ」「日本経済は輸出に依存している」といった言説を「数字で」検証することに努めています。

こうしたなか、近年では主に韓国の常軌を逸した振る舞いが続いているためでしょうか、とくに18年10月に韓国大法院（最高裁に相当）が自称元徴用工への損害賠償判決を下したことを契機に、時節に応じて専門的な立場から見た日韓関係論を展開してきました。たとえば日韓請求権協定の原文に基づいて「法的に想定されているはずの問題解決プロセス」を分析した記事にはかなりのページビューをいただきましたし、また、「日本企業の資産が差し押さえられていて、売却されるかもしれない」といった世間の言説に対し、企業実務の専門家という立場から「非上場の合弁会社株式の売却には、時間も金もかかるため、実務上は極めて難しい」と解説した記事にも、かなりの注目が集まったようです。この論点については本書の後半で展開しています。

さて、世間では「日本にとって韓国との経済関係は極めて重要だ」とする主張が非常に広く信じ込まれており、なかには「韓国と断交したら日本経済に死活的な問題が生じる」などと発言する人もいます。このような論調は、保守的な論客からも堂々と出てきます。しかも、具体的な根拠は示さないことがほとんどです。このように、数字の裏付けもなく頭から「韓国とのデカップリングはできない」と決めつけるのはいかがなものかと思います。

「日本経済にとって日韓関係は確かに重要ではあるものの、死活的に重要とまでは言えない」と、著者は考えています。そして、そのように判断する根拠は、なんといっても「数字」にあります。

「数字を使った分析」は公認会計士の本領が発揮される分野のひとつでもありますが、数字は物事を判断する際の基本であり、それは外交や経済分野などに関してもまったく同じことが成り立つと思うのです。

本書では、日本経済にとっての韓国との関係について、主に「ヒト、モノ、カネ」という、数値化できる経済活動の3要素などをもとに現状を把握したうえで、そもそも日本にとって彼らとの関係が何を意味するのかを考察してみたいと思います。そのうえで後半では、韓国が日本に対して仕掛けているさまざまな不法行為に対し、それらの経済的負担を韓国に負わせる方法について論じていきます。

そして、本書を手に取っていただいた皆様が、読むことで知的好奇心を刺激される体験をしていただけるならば、著者として幸甚の至りです。

令和3年2月

新宿会計士

韓国がなくても日本経済はまったく心配ない

◉目次

第二章 数字が表す「日本に頼る韓国」

第三章

日本の国益を毀損し続ける韓国

第四章

韓国への「リアル制裁」…………149

編集協力／佐野之彦
装幀／須川貴弘（WAC装幀室）
図表作成／メディアネット

序章

韓国は日本にとって重要な国か

数字で読む二国間関係

「日本にとって、韓国との関係は重要だ」

メディア報道などを眺めてみると、この手の主張を見かけることがよくあります。もちろん、近隣国同士、仲が悪いより良いほうが好ましいに決まっていますし、両国が基本的な価値を共有し、未来に向け、ともに手を取り合って発展していけるような関係が構築できるに越したことはありません。

しかし、それと同時に私たちが忘れてはならないのは、外交関係とは国益を最大化するのに役立つものでなければならない、という点です。

韓国との関係を議論する際、我が国のメディアや（自称）有識者などを中心に、「韓国は我が国と歴史的に関係が深く、地理的にも文化的にも近い国であり、日本とは切っても切れない関係にある」といった見方があるのは確かです。また、最近では日韓関係が悪化していることもあり、近年、保守派と呼ばれる論客からはこんな主張も聞かれます。

「地理的に近い韓国が日本の敵対勢力に入れば、日本の安全保障に深刻な脅威をもたらす。だからこそ、日本はあらゆるコストを払ってでも、韓国を日本の友好国に引きとどめておかなければならない」

このような見解は、一見すると非常に説得力があるようにも思えますが、果たして本当に正しいと言えるのか、疑問が湧いてきます。

これが、本書の論考の出発点です。

「国益」という視点

そこで、本書では、①「韓国の日本に対する不法行為の数々」②「数字で見た日韓関係の実情」そして③「韓国の約束破りのコストをどう負担させるか」という3つのテーマに沿って日韓関係を論じていきたいと思います。

このうち、最初のテーマで重要なポイントは、韓国が日本に対し国として仕掛けてきている不法行為の数々であり、これらを「国益」と「外交の目的」という視点で考察してみたいと思います。

「外交」と聞くと、「なんだか難しそうだな」と感じる人が多いのではないでしょうか。新聞やテレビで、外交の専門家と称する人たちがよく知らない言葉を使って話しているのを見聞きして、興味を失ってしまうこともあるでしょう。

しかし、政治家や外交官、学者しか国益や外交について論じてはならないわけではありません。いや、もう少し正確に言えば、むしろ私たち普通の国民こそ「一般人」としての感覚を持って堂々と論じるべき事柄なのです。

古今東西、ありとあらゆる国に当てはまるのですが、国家が存在する目的は、「平和で豊かに暮らすこと」にあります。つまり、戦禍や災害に怯えることなく安心して暮らし（＝平和）、きちんと働けば文化的で豊かな生活を営んでいくことができる（＝繁栄）、という2つの目的を国民全員が達成することが、国の最大の目的であり、存在理由です。少し難しい言葉でいえば「平和」は「安全保障」、「豊かに暮らすこと」は「経済的利益の最大化」などと呼ばれることもあり、一般にこの2つを「国益」と呼ぶのです。

次に、外交とは、究極的には「国と国とのお付き合い」のことです。そして、国も結局は人の集合体ですので、外交について考えるときには、「人と人とのお付き合い」の延長線上で考えれば良いのです。

ただし、外交の究極的な目的は、「仲良しごっこ」にあるわけではありません。「国益の最大化」にあります。これは私たち人間同士の関係に当てはめてもよくわかると思います。たとえば、私たち個人は仕事をしなければ生活をしていくことはできませんが、仕事をしているとウマが合わない人も出てくるでしょう。しかし、仕事を円滑に進めるためには、苦手な人ともうまく付き合っていかねばなりません。つまり、「仕事のうえではお付き合いしなければならない人」が「ウマが合う人」だったら、その仕事は非常に楽しくなるかもしれませんが、「ウマが合わない人」と付き合っていかねばならないとしたら、やはりストレスを感じるのではないでしょうか。

実は、国同士のお付き合いも、この「仕事上付き合わなければならない」という事例と非常に似ています。つまり「基本的価値を共有していない国とどう付き合うか」という視点です。

そもそも日本は世界に広く開かれた海洋国家であり、経済は自由主義を、政治は民主主義を、それぞれ価値観の基軸に据えています。また、日本は法治国家であり、法治主義（または法の支配）を重視していますし、基本的人権も尊重される国です。さらには、憲法に定める積極的平和主義を実践しており、日本社会における一部メディアの「軍隊アレルギー」は少々度を越しているほどです。

もちろん、日本が100％完全に、これらの主義に基づいて社会を運営しているとは言えません。財務省やNHKのように、なにかと問題のある組織もありますし、一部のマスメディアは「報道の自由」を曲解し、問題のある報道を繰り返しています（ただし、これらの内容については本書の範囲を超えるため、詳細については拙著『数字でみる「強い」日本経済』(ビジネス社)や著者が運営するウェブ評論サイト『新宿会計士の政治経済評論』などをご参照ください)。

しかし、全体として見れば、日本は「自由・民主主義」「法の支配」「積極的平和主義」などの基本的価値を尊重し実践する国であると考えて良く、このような基本的価値を共有していない国とは、付き合うだけでも大変な負担を強いられます。たとえば、「せっかく契約を交わしたのに守ってくれない」「相手国の政府が法律を守ろうとしない」などの事例もあるようですし、そのような国に進出するのは企業にとってもリスクが大きいと考えられます。日本によほどのメリットがなければ「基本的価値を共有していない国」とは付き合わないほうが無難と言えるでしょう。

だからこそ、「韓国は日本と基本的価値を共有している国なのかどうか」という点を再検討したうえで、「付き合うメリットがある国なのかどうか」をしっかり見極めることが非常に重要なのです。

数字を無視すべきではない

ある2つの国の関係について議論する際に重要なことは、それらの国が地理的にどういう場所にあるか、歴史的にどういう関係にあったか、という点はもちろんですが、それだけでは不十分です。両国がどういう関係にあるのかを分析するうえで忘れてはならないこと――それが「数字」です。つまり、日本と近隣国との関係を論じるためにも、その点を押さえておかなければなりません。

そこで、本書では「日本にとって韓国はどういう存在なのか」について、まず「数字で把握する」ところから始めたいと思います。一般に経済活動の3要素とは、「ヒト、モノ、カネ」であると言われます。最近ではこれに「情報」を加えて「経済活動の4要素」と呼ぶこともあるようですが、「数字で簡単に把握できる」という視点を重視するため、本書ではこの3要素についてじっくりと分析します。

一般に二国間の経済的な関係が深まってくれば、最初に短期的な人的往来（たとえば、観光客や短期的なビジネス客）が増えるはずです。日本の場合、この短期的な人的往来について、韓国人に対しては2006年以降、短期入国ビザを免除しています（なお、本書執筆時点においては、コロナ禍のために、2020年3月以降、日本政府は韓国を含めて世界の大部分の国々からの入国を制限していますが、これについては別の論点ですので、本書では割愛します）。

また、関係が深まればこうした人的交流だけでなく、両国間での物的往来、すなわち貿易高も増えてくるはずです。たとえば、相手国がより多くの自国製品を買ってくれるようになれば輸出高が増えてきますし、逆の場合は輸入高が増えていきます。

このように「ヒト、モノ」の流れが盛んになり、経済的なつながりが深まってくれば、中・長期的には両国間の投資、つまり「カネの流れ」が増え始めるはずです。具体的には、自国製品を本格的に相手国で販売するために、相手国に販売子会社を設立したり、生産拠点、アフターサービス拠点を設置したりすれば、対外直接投資というかたちで相手国への投資が積み上がります（逆の場合は対内直接投資です）。

両国の経済関係がさらに密接になってくれば、相手国に留学したり、企業の駐在員として赴任したり、現地で起業したり、あるいは国際結婚をしたりするなどして、お互いの国に定住する人も増えてくるはずです。

さらには、銀行などの金融機関が相手国に進出し始めれば、国際与信残高も積み上がっていくでしょう（ただし、日本の場合はもともと金融大国でもあるため、国際与信だけで相手国との関係を判断するのは適切ではない点に注意が必要です）。

いずれにせよ、日韓友好論者が主張する「日韓はお互いにとって切っても切れない関係にある」という内容が正しいのであれば、日本と韓国は「お互いに」ヒト、モノ、カネというすべての面での交流が活発化しているはずではないでしょうか。本書ではその実情がどうなっているのかについて、のちほどじっくり確認したいと思います。

「約束破りのコスト」を負担させせよ

詳細は後述しますが、韓国は日本の政府や企業などに対し、国際法違反の判決を下したり、条約や約束を破ったり、ウソをついて日本を貶めたりしています。問題はどうやってそのコストを韓国に転嫁するか、です。

理想論で言えば、韓国にはこれまでの不法行為をすべて謝罪させ、原状回復させたうえで、再発防止策を約束させる、ということが望ましいことは間違いありません。それをすることによってはじめて日韓両国が隣国同士、わだかまりなく手を取り合い、未来に向けて発展していくという「真の友好関係」が成り立つからです。

しかし、残念ながら国際政治の現実では、こうした発想は理想論に過ぎません。外交の世界では「相手を変える」ことなどできないからです。もちろん、「窃盗」や「食い逃げ」を許してはなりませんが、最初からカネを払う意思がない者に払わせることなどできません。実際、これまでの不法行為について韓国が日本に謝罪と賠償を行う可能性はほぼないでしょう。ならば、何か違う方法で、韓国にこれまでのコストを負担させなければなりません。具体的にどうすればよいのか。それは「日本に対して不法行為を行った結果、韓国に経済的な損害が生じる」という状況を作り出すのです。

著者がそう考える理由は3つあります。

まずは、韓国に更生は期待できないから――。常識が通用するマトモな国家であれば、これまで自分たちがウソや捏造、国際法違反や条約・約束破りに基づいて外国に損害を与えてきたことを「恥ずかしい」と思うはずですが、これまでの彼らの振る舞いを見る限り、それはまったく期待できません。

次に、「二次被害」「三次被害」を防がなければならないから――。韓国はある意味、確信犯として日本の名誉と尊厳を傷つけています。これに対して防戦するだけでは、勝って得られるものはゼロですし、少しでも負けたら日本は確実に不利益を被ります。こうした状況を根本から是正するためには、「韓国が日本に対して不法行為を仕掛けたら、自分たちにそれ以上の損害が返ってくる」という状況を作るしかありません。

そして3番目に、日本自身は国際秩序を守らなければならないから――。もしウソをついて食事代を常に他人に押し付け続けることが許されるなら、誰も食事代を払わなくなる世の中ができてしまうかもしれません。「正直者が馬鹿を見る」という状況を許せば、いずれ国際社会の仕組み自体が壊れてしまいかねません。極論すれば、日本が韓国の不法行為に対する制裁を行わないこと自体、日本が国際秩序を破壊するのに加担しているのと同じでしょう。

以上3つの視点について、まずは「韓国の日本に対する不法行為の数々」については第一章で、次に「数字で見た日韓関係の実情」及び「その事実に基づく韓国との付き合い方」については第二章と第三章で、そして「不法行為のコストを韓国に帰属させる方法」は第四章で、それぞれ触れていきたいと思います。

第一章

韓国の日本に対する数多《あまた》の不法行為

韓国が仕掛けるトゲ

悪化する日韓関係と「大人の対応論」

「日韓関係とは、果たして日本にとって重要なのか」――。

これは、著者自身の以前からの疑問です。

日韓関係が現在、けっして良好ではないという点については、多くの方々がご存知でしょう。とくに、2017年5月に文在寅政権が発足して以降に限定しても、韓国の行為により、日韓関係が深く傷つけられていることは確かだからです。

ただ、近年、日韓関係が悪化していると指摘されて久しいなか、「このままではいけない」、「今こそ両国は関係を改善しなければならない」などの意見もありますし、なかには、「韓国にとって日本はとても重要な国だから、多少、韓国に腹が立つことがあったとしても、日本は『大人の態度』をとらなければならない」などと主張する人もいます(「大人の態度」とは、要するに、日本が原理原則を曲げ、部分的に韓国に譲歩する、という考え方のことでしょう)。

では、韓国との関係とは、無理してでも維持しなければならないものなのでしょうか。これまでの著者の見立てでは、「日韓関係は重要だ」、「日韓両国は切っても切れない関係にある」とする考え方には、大きく3つのパターンがあるようです。

①一衣帯水《いちいたいすい》論

韓国は同じアジアの国として、地理的にも近く、歴史的にも文化的にも深い関係を持っている。日韓両国は一衣帯水（狭い水域を隔てただけで極めて近接している）の関係にあり、切っても切れない関係にある。また、過去に日本は韓国を「植民地支配」するという加害者としての歴史を忘れてはならない。

②経済関係論

日本企業の多くが韓国に進出する一方、韓国の産業も日本製の製造装置や部品、素材などに強く依存しており、経済的側面から、日韓両国は相互に重要な関係にある。

③朝鮮半島生命線説

韓国は地理的に見て日本に非常に近く、この地域が日本の敵対勢力に入れば、日本の安全保障に深刻な脅威をもたらす。だからこそ、日本はあらゆるコストを払ってでも、

朝鮮半島を日本の友好国に引きとどめておかなければならない。

　これらはいずれも、もっともらしい理屈付けですが、果たして論じ方としては正しいと言えるのでしょうか。

　まず、これらのうち①、すなわち「韓国は地理的、歴史的に近く、重要な国だ」とする主張については、多くの日本人が今まで何となく、「あぁ、日本は韓国と仲良くしなければならないんだな」と思い込む際の理由のひとつだったことは間違いないでしょう（なお、「日本は過去に韓国を植民地支配した加害者だった」とする主張については、近年、それらを論破する良書も数多く出版されているため、本書ではあえて触れません。また、著者個人としては、日韓が「文化的に近い」という点には同意しませんが、これについては本書のメインの論点と深く関連するものではありませんので、割愛します）。

　もっとも、百歩譲って「地理的、歴史的、文化的に近い」という主張が事実だったとしても、そのこと自体、「無理をしてでも日韓関係を維持しなければならない根拠」としては弱いと思われます。だからこそ、日韓友好論者もそのことを理解したうえで、「日韓関係が重要だ」とするほかの理由を持ち出してきます。その典型的な理屈付けが②、つまり「韓国は日本にとって、経済的に大事な国だ」とする主張です。

後述するとおり、日本が韓国に対してここ数年、毎年2兆円前後の貿易黒字を稼いでいることは事実です。これに加え人的交流も盛んで、2018年には日韓両国の往来が1000万人を超えました。なお、19年の韓国における「ノージャパン運動」、20年のコロナ禍の影響により、本書執筆時点での日韓往来は激減していますが、少なくとも18年の数字を眺める限りは、「日韓関係は重要ではない」とは言い切れないでしょう。

さらに厄介な主張が③の「朝鮮半島生命線説」です。これなど、外交や地政学について専門的な知識を持たない人からすれば「それもそうだな」「やっぱり韓国は困った国だけれども、敵に回してしまったら中国やロシアを喜ばせるだけだから、我慢して付き合わなければならないな」と、納得させられがちです。

そのため、結果的に現在の日本では、多くの人たちが韓国の日本に対するさまざまな不法行為の数々にウンザリしながらも、「韓国と付き合わざるを得ない」と諦めているフシがあるのですが、本書の問題意識はまさに「韓国は諦めて付き合わなければならないほどの国なのか」「経済的にも地政学的にも韓国は日本にとって大事な国といえるのか」という点にあります。

そこで以下の項では、これまで韓国が仕掛けてきた不法行為を列挙しながら、日韓関係の本質を考え、日本が目指すべき対韓意識の方向性を探っていきます。

自称元徴用工判決

図表1－1は、李明博政権時代から本書執筆時点における、韓国が日本に対して仕掛けてきた主な不法行為をリスト化したものです。

こうやって眺めてみると、圧巻です。そして、2017年5月に発足した文在寅政権下で、とくに18年秋以降、韓国側からの不法行為が加速している感があり、それにより日韓関係がギクシャクしていることは今さら指摘する必要はないでしょう。

紙幅の都合上、本書ではこれらすべてを詳細に取り上げていくことはできませんが、そのなかでもとくに重要なものの概要に触れておきましょう。

まず、ここ数年の日韓関係において「一丁目一番地」とも言える最も重要な懸案のひとつが、「自称元徴用工問題」です。

これは、韓国国内で「戦時に強制徴用された」などと主張する人たち（いわゆる旧朝鮮半島出身労働者）らが韓国国内の裁判所で日本企業を相手に損害賠償を求めた訴訟で、

図表1-1　韓国が日本に対して仕掛けてきている不法行為の例

政権	時期	出来事
李明博政権期	2011年12月	在韓日本大使館前に慰安婦像設置
	2012年８月	李明博大統領が島根県竹島に不法上陸
		李明博大統領による天皇陛下侮辱発言
		韓国政府が野田佳彦首相の親書を郵便で返送
朴槿恵政権期	2013年２月～2014年３月	朴槿恵大統領が安倍晋三総理大臣との日韓首脳会談を頑なに拒絶
	2015年３月頃	安倍晋三総理大臣の米上下両院合同演説を阻止しようと国会議長らがロビー活動
	2015年５月	安倍総理の米上下両院合同演説に対する韓国国会の非難決議
	2015年５月～７月	日本の産業革命関連施設の世界遺産登録妨害
	2016年12月	釜山の日本総領事館前にも慰安婦像設置
文在寅政権期	2017年12月	2015年12月の日韓慰安婦同意に関する外交機密文書を日本政府の了解なく勝手に公表
	2018年９月頃	旭日旗騒動
	2018年10月30日、11月29日	自称元徴用工判決
	2018年12月20日～	韓国海軍駆逐艦による自衛隊機への火器管制レーダー照射事件
	2019年２月頃	国会議長による天皇陛下に対する侮辱発言
	2019年７月頃	慰安婦財団解散
	2019年７月19日	日韓請求権協定に基づく紛争解決措置の完全な無視
	2019年８月22日～11月22日	日韓ＧＳＯＭＩＡ破棄騒動
	2019年9月11日～11月22日、2020年6月2日～	日本の対韓輸出管理適正化措置を巡るＷＴＯ提訴騒動

（出所）著者作成。肩書は当時。

韓国の大法院（最高裁に相当）が18年10月と11月に相次いで日本企業敗訴判決を下した事件のことです。

この問題は、以下に示すとおり、大きく3つの点で我が国にとっては受け入れがたいものです。

①日韓間のあらゆる請求権に関する問題は、１９６５年の日韓請求権協定で完全かつ最終的に決着しており、韓国の大法院の一連の判決自体、国際法に違反する状態を作り出している。
②韓国側が主張する「被害」の多くは、（おそらくは）韓国側によるウソ、捏造のたぐいのものであり、最終的には「罪をでっち上げて日本を貶めている」のと同じである。
③日本政府は２０１９年１月以降、日韓請求権協定第３条に定める手続に従い、平和的かつ友好的に問題を解決しようと努力したが、韓国側はこの日本側の外交的協議や仲裁手続にいっさい応じなかった。

日本政府はこれらのうち、②についてはあまり強く主張している形跡がありませんが、それでも①については被告の日本企業などとも連携し、韓国に対して「韓国自身が作り出した国際法違反の状態を解消すべし」と主張し続けています。また、③については日本政府が平和的、友好的な問題解決プロセスを踏んだにも関わらず、韓国がこれに一切応じなかったのであり、それこそ「韓国は国際法を平気で破る無法国家である」という証拠でもあるでしょう。

さらには、この自称元徴用工判決問題を巡っては、韓国側で原告が日本企業の在韓資産を差し押さえ、「売却するぞ」「売却されたくなければ韓国の判決に従って損害賠償を支払え」と要求してきています。著者はこれを「売却スルスル詐欺」などと呼んでいるのですが、もし日本企業が迂闊《うかつ》にも原告らに対する損害賠償に応じてしまうと、韓国国内に控える何万、何十万人という自称元徴用工が一斉に日本企業を訴えるであろうことは想像に難くありません。

主権免除違反判決のインパクト

さて、韓国の日本に対する一連の不法行為のなかでも最新の事例であり、かつ、「自称元徴用工判決」と並ぶインパクトをもたらしかねないのが、「主権免除違反判決」です。

「主権免除」または「国家免除」とは、「国家やその財産については、基本的にほかの国の裁判所からの免除を認める」という国際法上の原則のことですが、2021年1月8日、韓国の裁判所はこの主権免除を無視し、日本政府に対して損害賠償を命じる判決を言い渡したのです。

この裁判は、もともとは「元慰安婦」らが16年1月に起こしたものですが、日本政府は主権免除を理由に裁判に応じず、韓国政府に対しては外交ルートを通じて「日本政府が韓国の裁判権に服することは認められない」「訴訟は却下されなければならない」などと申し入れてきました。また、日本政府の立場、主張は「日韓間の財産請求権は1965年の日韓請求権協定で完全かつ最終的に解決済み」「慰安婦問題については15年の日韓合意で最終的かつ不可逆な解決が日韓両政府間で確認されている」とするもので一貫しています。

しかし、判決を下したソウル中央地裁は、「日本政府の行為は合法的とみなしがたく、計画的、組織的に行われた反人道的行為で、国際強行規範に違反している」などとして主権免除の適用を否定するとともに、日韓請求権協定や日韓慰安婦合意に「この事件の損害賠償請求権が含まれているとはみなしがたく、請求権の消滅はない」などと断じ、日本政府に損害賠償の支払を命じたのです。

こうしたソウル地裁の言い分に対し、日本政府は即日反応し、菅義偉総理大臣は「国際法上、主権国家は他国の裁判権には服さない。この訴訟は却下されるべき」、「日韓の慰安婦問題については完全かつ最終的に解決済み」と改めて繰り返したうえで、韓国政府に対して「国際法違反を是正する措置を採ること」を要求しました。

ただし、加藤勝信官房長官も同日の会見で「国際法上の主権免除の原則から、日本国政府が韓国の裁判権に服することは認められないため、日本政府が控訴する考えはない」と述べています（実際、判決は韓国の民事訴訟法上の控訴期限を過ぎてしまい、一審で確定してしまいました）。

なにより、本件で改めて露わになったのは、韓国政府の当事者能力のなさ、無責任ぶりです。

韓国メディアの報道によると、韓国外交部の報道官は判決の当日、「裁判所の判断を尊重し、慰安婦被害者の名誉と尊厳を回復するためにできる限りの努力を尽くす」「同判決が外交関係に及ぼす影響を綿密に検討し、韓日両国の建設的かつ未来志向的な協力が続くように努力を傾ける」などと述べたそうですが、自国の裁判所が国際法上の日本の権利を侵害しているという点については、まったく触れられていません。正直、自分たちで日本を殴っておいて「未来志向的な協力」とは、冗談にしても笑えません。

主権免除の範囲

この点、国際法の潮流を見ると、かつては「絶対免除主義」、つまり主権免除は無条件に認められる、という考え方が一般的でした。しかし、近年は「制限免除主義」、つまり主権免除に例外を認めようとする国が増えているのですが、具体的にどこまで免除を認めるかについては、国際的なルールは確立されているとは言えません。

一方、2004年12月に国連総会で採択された「国及びその財産の裁判権からの免除に関する国際連合条約（国連国家免除条約）」では、商業的取引から生じる裁判や雇用契約に関する裁判、身体傷害や財産損傷に関する裁判などについては、主権免除を認めないとする考え方が規定されました。また、あわせて遡及効《そきゅうこう》（あとから遡ってこの条約を適用すること）については完全に否定されていますし、軍事的活動については本条約の対象外とされています。

この国連国家免除条約については、発効するためには30カ国以上の締結が必要ですが、本書執筆時点で締結済みの国は国内法の整備まで完了した日本を含めて22カ国に留まっており、未発効です。問題の判決を出した韓国もこの条約には加入していません。しかし、同条約自体が国際的な慣習法を取りまとめたものであるという性質があることから、「発効していない」からといって、同条約の考え方を完全に無視すべきとも思えません。

この条約の考え方に基づけば、韓国側の「慰安婦＝性奴隷の問題」とやらの主張が事実だったとすれば、「身体傷害に関する裁判」を理由に主権免除を排除する、という考え方も適用できなくはありません。ただし、遡及適用禁止規定があるため、これもかなり苦しい言い分です。というよりも、そもそも韓国の裁判所の判決の言い分は「国際強行規範に反するから主権免除を適用しない」というものであり、この国連国家免除条約は関係なさそうです。

また、国連国家免除条約の考え方から離れたとしても、今回のケースについては国際法上、主権免除の排除は非常に難しいでしょう。というのも、国際司法裁判所（ＩＣＪ）で、すでに似たような判例があるからです。

イタリアで起こされた第二次世界大戦中のドイツ軍の行為を巡る訴訟で、イタリア最高裁は04年、ドイツ政府に対して損害賠償を命じる判決を下したところ、ドイツ政府がイタリアをＩＣＪに提訴。これを受けてＩＣＪは12年、「慣習国際法によりドイツが享受すべき主権免除をイタリアの最高裁が否定した行為は、イタリアがドイツに対して負う義務の違反となるものである」とするイタリア敗訴の判決を下しています。

もっとも、その後、14年にはイタリア憲法裁が裁判官12人の全員一致で「主権免除を理由に重大な人権侵害被害者の裁判請求権を否認したのは違憲」と宣言したそうですが、現時点までにドイツ政府がイタリアの原告に損害賠償を支払ったとする報道はありません。

いずれにせよ、韓国の判決は国際法上も正当化するのが非常に難しいでしょうが、このような事象が起きたということは、ある意味、現代の日韓関係や韓国という国のありようを象徴しており、それはそれで意義があったと思います。

「韓国が自称元徴用工判決に続き、国際法違反のデタラメ判決を下した」ということはすなわち、歴史的事実や国際法、国と国との条約や約束などを平気で無視するという韓国の強引な姿勢の表れであり、私たちの国・日本は「こんな国を相手にしているのだ」という点を十分に踏まえて行動しなければならないのです。

トゲはほかにもある

日韓間に刺さったトゲは、それだけではありません。韓国がでっち上げてきた「歴史問題」という文脈では、前項で述べた「主権免除違反判決」の基となる「（従軍）慰安婦問題」もそのひとつであると言えます。後述するとおり、２０１５年12月のいわゆる「日韓慰安婦合意」において、同問題は日韓両国政府間で最終的かつ不可逆的に解決したはずですが、報道等によれば19年7月頃までにこの合意に基づいて設立された財団が韓国側によって一方的に解散されるなど、事実上、韓国政府によって反故《ほご》にされています。

そして、日韓の協力関係をぶち壊す動きは、安全保障面でも相次いでいます。たとえば、18年10月に韓国海軍が済州島の海軍基地沖合で主催した国際観艦式では、海上自衛隊に招待状を送っておきながら、自衛艦旗（いわゆる旭日旗）を掲揚しないように要求するなど、国際常識にも反する極めて非常識な行動に出たため、結局、日本は自衛艦の派遣を見送った、という騒動が発生しています（いわゆる旭日旗騒動。ちなみに旭日旗のことを韓国側では勝手に「戦犯旗」などと呼んでいます）。

次に、同年12月20日には、能登半島沖の日本の排他的経済水域（ＥＥＺ）内で、韓国海軍駆逐艦「広開土大王」が海上自衛隊のＰ１哨戒機《しょうかいき》に火器管制レーダーを照射した

「火器管制レーダー照射事件」も発生しています。当初、韓国側は「悪天候のためにさまざまなレーダーを稼働していた」などと言い訳をしたのですが、後日、日本側が動画サイトにアップロードしたビデオで現場の天候が良好だったことが判明してウソがばれるや否や、「むしろ日本の自衛隊機が低空威嚇《いかく》飛行を仕掛けてきた」などと言い分を変えて逆ギレし、ろくに話し合いにも応じませんでした。

ほかにも、**図表1－1**には列挙していませんが、「韓国人窃盗団が12年に日本の対馬から盗み出した仏像（韓国当局が押収）を返そうとしない」、「イチゴなどの種苗を盗み出し、勝手に栽培している」など、窃盗系の不法行為もさまざまな場面で報告されています（おそらくこれらは氷山の一角でしょう）。また、東京五輪招致に向けて最終プレゼンが行われた国際五輪委（ＩＯＣ）総会直前の13年9月、わざと日本産の水産物の禁輸措置を大々的に発表しましたが、これなども「放射能汚染」を全世界に印象付けることで東京五輪招致を失敗させようとした試みだと、著者は考えています。

日韓関係を特殊にしない

日韓関係はそこまで大切か

さて、日韓関係を巡ってよく耳にするのは、「確かに韓国は日本にとって腹が立つこともある国だが、それでも日本にとってなくてはならない隣国だ」「嫌でも付き合っていかなければならない」といった主張です。要するに、度重なる不法行為にはムカつくけれど、それでも日本は我慢しなければならない、といった考え方ですね。

ただ、客観的に数字を分析する限り、韓国は「切っても切れない関係国」とは言えないと著者は考えています。一般的には「日本にとって韓国は絶対になくてはならない隣国」とする認識が定着しているようですが、これについてはむしろ、その認識自体が間違っているという可能性が非常に高いのです。

もちろん、日韓関係が断絶すれば日本としても困るのですが、それは「コントロールできない」ほどではありません。日本にとって日韓関係とは、家庭にたとえて言えば、古くなった冷蔵庫や洗濯機などの大型家電のようなものです。ある日突然壊れると確かに困ります。しかし、週末に家電量販店に出かけて新しいものを調達すれば、そのまま生活はできます。

これに対し、韓国にとっての日韓関係とは、父親の勤務先のようなものです。ある日突然、お父さんが仕事を失うと、その日から家族全員が生活に困ってしまいます。

もちろん、日韓関係が破綻するような事態はできれば避けるべきです。ただ、日韓関係を積極的に破壊しようとしているのは韓国側であり、日本は日韓関係が破綻してもその衝撃を十分にコントロールできます。以上の2点を踏まえるならば、「日韓関係の破綻は何が何でも避けなければならない」という前提で議論するのはいかがなものかと思う次第です。

関係を破壊しようとしているのは韓国

改めて指摘しておくと、図1－1でも確認したとおり、韓国の日本に対する約束違反、違法行為、ウソつき、侮辱行為などの程度と頻度が近年、常軌を逸しています。そして、それらの多くは文在寅政権下で発生しているため、我が国でも「文在寅政権下で日韓関係が悪化した」「文在寅氏が退任したら日韓関係を元どおりにしよう」などとのたまう人がいることもまた事実です。

実名をあげることは避けますが、新進気鋭の国際関係アナリストとして名が知られている人物なども、文在寅政権を巡って、次のように主張したことがあります。

「日本と米国は、習近平を喜ばせ過ぎないために、文（在寅）が大統領を辞めた後の韓国に親日、親米政権が成立するよう努力するべきだろう」

これなど、先ほど紹介した「朝鮮半島生命線説」の典型的な発想でしょう。

逆に聞いてみたい気がするのですが、この人物が言う「文在寅政権後の親日政権」が実現したとして、果たしてそれが日本の国益に資するというのでしょうか。いや、もう少し正確に言えば、文在寅政権の行動が親日的ではないことは事実として、ではそれ以前は「親日政権」だったとでも言うのでしょうか。

文在寅政権下で反日が加速していることも確かですが、図表1－1に示したとおり「保守派」として知られる李明博、朴槿恵の両政権下でも、日本に対するさまざまな不法行為が行われており、しかもそれらの多くについて日本が受けた損害はいまだに回復されていないことを思い出さなければなりません。すなわち、韓国では、保守派であれ左派であれ、たいていの政権は大なり小なり反日的な行動をとっていて、それらのほとんどが日本に何らかの実害を与えているのです。

そして、先述したように、非常に残念ですが外交関係において相手は変えられません。韓国が親日国になるように、または韓国に親日政権が成立するように努力するよりも、

「韓国は反日国である」という前提に立って、韓国の条約破りや約束違反、反日的な行為などに対し、それらのコストを彼らに負担させるよう国家戦略を組んだほうが、はるかに効率的ではないでしょうか？

国益という論点を忘れるな

もちろん、「朝鮮半島生命線説」のうち「韓国は地理的に見て日本に非常に近く、この地域が日本の敵対勢力に入れば、日本の安全保障に深刻な脅威をもたらす」という部分は、何も間違っていません。実際、すでに北朝鮮という敵対国が存在していて、核・ミサイル、生物・化学兵器などの大量破壊兵器をせっせと開発しているという状況は、日本にとって脅威以外の何物でもありません。すでに北朝鮮は、日本全土を射程に収めたミサイルを保有している可能性すらあります。そんな情勢下で韓国を「敵」に回すことがどれほど危険であるかは、軍事の専門家でなくとも容易に想像できます。

ただ、ここで「ちょっと待ってくれ」と、著者は言いたいのです。外交でも経済でも何事においても、最も重要なのは「費用対効果」です。朝鮮半島の情勢が安定する、あるいは韓国が日本の友好国であるに越したことはないという点には同意します。とは言え、そこに「あらゆるコスト」を払う価値があるのでしょうか。

結論を先に言えば、日韓関係を維持するうえでは、コストに見合う効果は期待できません。これについて考えるうえで、欠かせないのが「国益」です。

古今東西、ありとあらゆる国の究極的な目的は、平和と繁栄にあります。平和とは「戦争にならないこと」、繁栄とは「国民が豊かに暮らしていけること」であり、この2つは常にセットです。そして、それらを「国の利益」、つまり「国益」と呼びます。

政府が存在する目的も、結局は「国益を最大化するため」以外にはありませんし、国益を失った国の末路は滅亡です。だからこそ、政府はあらゆる手段を使って国益を最大化する必要がありますし、外交もその手段のひとつなのです。そんな話は当たり前すぎて、本来ならば持ち出す必要もないでしょう。

ただ、外務省や日本の親韓派の政治家の頭からスッポリ抜けてしまっているのが、この「国益」という論点なのです。ひとりのウェブ評論家として長年外務省を眺めてきた感想を申し上げるならば、外務省に対韓外交を仕切らせると、韓国に無用な譲歩を行い、それが長期的には日本の国益を損ねてしまう、という事例が多すぎる気がします。慰安婦問題などその典型例でしょう。

改めて指摘しておきますが、日本が韓国との関係を維持することは、「仲良しごっこ」や「外務省の自己満足」のためではありません。あくまでも「日本の国益を最大化するため」です。国益を損ねてまで、あるいは得られる効果に対して大きすぎる犠牲を払ってまで、日韓関係を維持する必要はないのです。

韓国が日本の友好国である「必然性」はない

ここでは「日韓」と述べていますが、「日中」「日露」「日米」など、それはあらゆる関係について成り立つ論点でもあります。早い話、その国との外交関係を維持することが我が国の国益の最大化に必要であれば、適正な対価を払い、その国との関係を維持すべきである、ということに過ぎません。

では、「国益を最大化するために、その国との関係にどこまでコストをかけるべきか」については、どう判断すればよいのでしょうか。

手っとり早く判断するための指標が、現実の経済関係に関する量的な側面（たとえば「ヒト・モノ・カネ」の交流状況）や、その国が我が国と基本的価値を共有しているかどうかという質的な側面（たとえば「相手は約束を守る国であるかどうか」）です。

このうち「量的な側面」に関しては、次章で確認するとおり、日本にとって韓国は「重要ではない」とは言えません。

すなわち、日韓関係では「ヒト」の交流が多いという特徴がありますが、これは日本が韓国との関係を積極的に深めようとしているというよりも、どちらかといえば韓国が日本との関係を深めようとしているということです。というのも、韓国を訪れる日本人、韓国に在留する日本人よりも、日本を訪れる韓国人、日本に在留する韓国人のほうがはるかに多いからです（なお、２０２０年においては、コロナ禍により日韓の人的往来は激減しています）。日韓の人口に２倍以上の開きがあることを踏まえるならば、その関係が一方通行であることは明白でしょう。

次にモノの交流については、「韓国の産業にとって必要な生産装置や中間素材を日本が輸出する」という関係にあります。いわば、韓国は生産活動に欠かせないキーデバイスを日本から買っているのであり、逆に日本は（まだ）韓国からはさほど商品を買っていない、ということでもあります。

さらに、日韓間のカネの交流については、日本が金融大国であるという事情に照らすと、少し少なすぎるくらいです。

次に、「質的側面」です。

韓国は見た目こそ自由・民主主義国家ですが、国際法違反・約束違反状態を作り出している国でもあります。

たとえば自称元徴用工判決は1965年の日韓請求権協定という国際条約を破る行為ですし、韓国政府が19年までに「慰安婦財団」を解散してしまったのも、15年の日韓慰安婦合意という約束を破る行為です。さらには、主権免除違反判決については、韓国が主権免除という国際法の原則をないがしろにしたものです。このような国が少なくとも「約束を守る」「ウソをつかない」などの日本や先進国が大切にしている重要な価値観を共有していないことは明白です。

こうした点を踏まえるなら、私たちの国・日本にとって必要なのは、「無理やり韓国を友好国にする」ことではなく、まずは「韓国が日本と基本的価値を共有していない国である」ということをきちんと理解することです。そのうえで、「日本の平和と安全に脅威を与えるような敵対勢力が朝鮮半島に出現してしまう」という状態をいかにして避けるかについて議論したほうが、はるかに有益ではないでしょうか。

双方から見た日韓関係

日韓友好の3類型

ただし、なぜ、韓国はこのように日本に対する嫌がらせ、窃盗、ウソつき、条約破り、約束破りを続けるのか。さらに言えば、韓国がこのような行動をとる原因が、日本側にもあるのではないか、という重大な疑問が浮かんできます。

ここで重要な視点が、「日韓友好論の3類型」です。著者なりの理解に基づけば、日本国内の日韓友好論には、大きく次の3つのパターンが存在しています。

【日韓友好論の3類型】

①対等関係論――日韓両国は対等な主権国家同士として、お互いに尊重し合い、ともに手を取り合って、未来に向けて発展していけるような関係を目指す

②対韓配慮論――日韓両国は対等な関係だが、過去の一時期に不幸な歴史があったことを踏まえ、日本がある程度、韓国に配慮することで「名よりも実を取る」ことを目指す

③対韓追随論――日韓友好はとても大切であり、韓国が「もう良い」というまで過去の不幸な歴史を反省し、謝罪し続けるべし

この3つの考え方に著者が賛同しているという意味ではありません。あくまでも「日本国内の考え方を分類したら、このような主張を多く見かける」というだけの話です。「日韓友好」を主張する人たちの思考は、たいていの場合、この3つのどれかのパターンに当てはまるはずです。

常識的には、外交関係において最も健全で正常な考え方は①であり、韓国以外の国（たとえば米国、英国、豪州、インド、欧州連合など）との間では、主権国家同士としてお互いを対等に扱い、お互いに尊重し合う関係が成立しています。もちろん、国力に差があるために、日本が相手国に対して支援をしている事例もありますが、もしそうだとしても、基本的に国際支援は「上から目線」ではなく、あくまでも「対等な国同士の支援」という建前を守りながら行われています。

たとえ地理的に遠く離れた諸国であってもこのような関係を構築することができているわけですから、距離の近い韓国とも同じような努力をするのは正当な行動です。

ただ、非常に残念なことに、現実に日韓間ではこの①の考え方が成り立っていません。なぜなら、日韓関係を破綻に追い込みかねないさまざまな不法行為を韓国側が仕掛けてくるからです。私たち日本側が対等な関係としての日韓友好を求めたところで、それはかなわぬ夢なのです。

だからこそ出てくるのが、②や③の考え方なのでしょう。このうち②を唱えるのはたいていの場合、日本の外務省や自民党の日韓議連メンバー、あるいは経団連に加盟している一部の日本企業の能天気な高学歴経営者たちです。要するに、韓国との関係を作ることで、何らかの利益を得ている人たちです。

また、③を唱えるのは、日本国内の会社でありながら反日的な論調で知られる某メディア、一部の野党、さらには国内の反日勢力などです。おそらくこれらの勢力は、本気で韓国に謝罪しようと思っているのではなく、単に「日本の国益を破壊する材料ならば何でも良い」といった考え方に染まっているだけなのだと思います。

いずれにせよ、現状において日韓の対等な友好関係が成立していないという点については、今さら指摘するまでもない話でしょう。

韓国国内の「用日」「反日」

一方で、韓国国内も一枚岩ではありません。

韓国国内にはさまざまな政治的主張があるようですが、著者なりにざっくりまとめると、「保守派」と「左派」という対立があります。これを日韓関係という側面から眺めると、非常に興味深いことがわかります。

「保守派」と呼ばれる勢力は、たいていの場合、「歴史問題などで日本に対し精神的優位を確立し、それにより日本に罪悪感を植え付け、日本から有利な条件で技術や資本を導入するべきだ」というような立場をとります。いわゆる「用日論」です。

これに対し「左派」と呼ばれる勢力は、日本に対して過去の歴史を糾弾し、反省を迫るという題材を常に探しています。これは「純粋反日論」とでも呼びましょう。彼らは「用日論」を唱える保守派とは異なり、「日本から技術や資本をかすめとる」といった考え方は、あまり強くありません。

【韓国における反日の2類型】

(A)用日論――歴史問題などを使って日本に罪悪感を植え付け、それにより日本から

産業ノウハウ、技術、資本などを安い価格で手に入れようとする勢力
（B）純粋反日論――歴史問題を使い、純粋に日本を貶めようとする勢力

日韓双方の分類を並べてみると、日本の「②対韓譲歩論」が韓国の「（A）用日論」に、日本の「③対韓追随論」が韓国の「（B）純粋反日論」に、それぞれキレイに対応していることがわかります。

そして、我が国の国益を考えたときに、真に警戒すべき組み合わせは、「③対韓追随論-（B）純粋反日論」のペアではなく、「②対韓譲歩論-（A）用日論」のペアです。

なぜなら、韓国でいつもの歴史問題などが持ち上がった際に、日本側でも韓国の主張には理不尽さを感じながらも、「日韓関係を破綻させてはならない」「ここはひとつ、日本が譲歩し、大人としての対応をとるべきだ」といった主張が出てくるからです。韓国の「用日派」も、日本の側で対韓配慮論が出てくることを当然の前提として、日韓関係を議論しているフシがあります。要するに、「今のままだと韓日双方にとって良くないから、互いが問題解決に向けて動かねばならない」という発想です。

以上の考察により、韓国における「反日」には、日本が韓国を甘やかし、つけあがら

せてきたという側面があると、著者は考えています。その意味で、日本国内の「対韓配慮論者」の責任はきわめて重大です。

「ゼロ対100」理論

ただ、私たち日本人の感覚からすれば、韓国の日本に対する態度は理不尽ですし、同時に不可思議でもあります。

百歩譲って、私たちの国が韓国に対して過去に酷いことをしたとしても、終戦とともに韓国が独立国となってもう70年以上も経っているわけです。その間、1965年の日韓請求権協定をはじめ、さまざまな国際条約、協定などを通じて過去の問題はすべて清算済みです。それなのに、「自称元慰安婦」や「自称元徴用工」のように、長い年月を経たのちに歴史問題が浮上するのは奇妙としか言えません。

だいいち、当事者の多くは亡くなっていますし、辛うじて生きている人も証言が二転三転しています。このように、ありもしない「犯罪」を捏造して日本を貶めること自体、理解の範疇を超えています。

ただ、冷静に観察していくと、韓国側にはどうも「自分たちが100%悪いときでも、とにかく少しでも相手に非を押し付け、50対50、あわよくばゼロ対100に持っていこう」とする発想があるのではないかと思えるのです。便宜上、これを「ゼロ対100理論」とでも名付けましょう。

【ゼロ対100理論】
自分たちの側に100%の過失がある場合でも、告げ口外交、瀬戸際外交などを駆使して「相手も悪い」などと言い募り、過失割合を「50対50」、あわよくば「ゼロ対100」に持ち込もうとする、韓国（や北朝鮮）に特有の屁理屈のこと

つまり、韓国からしたら、ウソでも何でも良いから、とにかくイチャモンをつけ、相手が1ミリでも譲歩してくれれば儲けもの、というわけですね。「自称元徴用工」にせよ、「自称元慰安婦」にせよ、韓国が騒ぎ立てている「問題」は、もともと存在しません。したがって、たとえ全面的に負けても「取れるカネがゼロ」というだけの話であり、けっして損はしません。そして、元手がゼロですから、賠償金が取れれば丸儲けとなります。

図表1-2　ゼロ対100理論に基づく得失表

ケース	韓国の得失	日本の得失
100%、韓国が勝った場合	100の利得	100の損失
日韓が引き分けた場合	50の利得	50の損失
100%、日本が勝った場合	ゼロ	ゼロ

（出所）著者作成

つまり、この「ゼロ対100理論」に基づけば、日韓双方にとり、**図表1－2**の次のような「得失表」が成り立ちます。

この得失表によれば、韓国にとってはどんなに負けても損失はゼロ、少しでも勝てば利得は常にプラスです。これに対して日本の利得は最大限勝ってもゼロ、最大限で負ければマイナス100です。つまり、韓国にとっては日本に対する不法行為を仕掛けても、もともと失うものがゼロだから、痛くもかゆくもない、というわけです。

日本が最も負けた事例が慰安婦問題

それらのなかでも、日本がとくに大きなマイナスを受けた事案が、慰安婦問題です。これについては、これまでの日本政府のハンドリングがまずかったせいもあり、国際社会ではあたかも事実であるかのごとく受け止められています。

同問題はご存じのとおり、2015年12月28日に両国政府間で交わされた「日韓慰安婦合意」ですべて解決しているはずです。著者の文責でポイントを指摘しておくと、次のとおりです。

【日韓慰安婦合意のポイント】

①慰安婦問題は、当時の軍の関与の下に多数の女性の名誉と尊厳を深く傷つけた問題であり、かかる観点から、日本政府は責任を痛感し、安倍晋三総理大臣は日本国を代表して心からおわびと反省の気持ちを表明する。

②韓国政府は元慰安婦の支援を目的とした財団を設立し、日本政府はその財団に対し、政府予算から10億円を一括で拠出する。

③韓国政府は在韓国日本大使館前に慰安婦像が設置されている問題を巡って、適切に解決されるように努力する。

④上記②の措置が実施されるとの前提で、日韓両国政府は、この問題が最終的かつ不可逆的に解決されたことを確認し、あわせて本問題について、国連等国際社会において互いに非難、批判することを控える。

右記①に含まれる「当時の軍の関与の下に」などの文言は、1993年のいわゆる「河野談話」を踏襲したものではありますが、この文言をそのまま踏襲してしまったことで、結局は「日本政府が慰安婦の強制連行という事実を認めた」という証拠に転用されてしまっているのが実情です。

また、②に含まれる「政府予算から10億円を一括で拠出する」という部分についても、日韓関係に詳しくない第三国の人に対し、「おカネを出すということは、日本にやましいことがあるからだ」と受け取られても仕方がありません。

実際、韓国はこの合意などをタテに「慰安婦の強制連行とは日本政府も認めた事実である」などと主張していますし、米国や英国など欧米のメディアも、当然のように、「慰安婦」を「戦時の性的奴隷の問題」として報じています（最近の出来事としては、20年にドイツの首都・ベルリンの中心部ミッテ区の路上に慰安婦像が設置されたという事件がありました。こちらも長期化しそうな気配があります）。

しかも、韓国は合意③（ソウルの日本大使館前に慰安婦像が設置されている件を適切に解決する義務）を果たさず、それどころかこの合意に基づいて設立された「和解・いやし財団」を、日本の了解なく、19年夏頃までに勝手に解散してしまっています。合意を守らず、反故にしておきながら、そこに含まれる①の部分をプロパガンダに利用しているのを見ると、韓国の行動は非常に狡猾であると言わざるを得ません。

「逃げ得」を許してはならない

先述したとおり、韓国による不法行為を許してはならない理由は、大きく3つあります。それは、①韓国に更生が期待できないこと、②「二次被害」「三次被害」を防がなければならないこと、③日本自身が国際秩序の守護者でなければならないこと、です。慰安婦問題は、単に私たち日本人にとって「腹立たしい」だけでなく、このうちの②が発生している典型例であり、現に二次被害、三次被害をもたらしています。

慰安婦問題は、完全な捏造であるにもかかわらず、日本を除くほぼ全世界において、あたかも事実であるかのごとく誤解されています。そして、韓国の市民団体らが全世界で設置している慰安婦像や虚偽の碑文のために、現地の日本人の子供たちがいじめの被害に遭っている、という話も最近ではよく耳にします。ようするに、このまま不法行為を放置すれば、未来の日本人に二次被害、三次被害をもたらすことになるのです。私たち「いまを生きる日本人」にとってもそうですが、私たちの子供や孫たち、そして将来の日本人すべてに「戦犯国の国民」という汚名を着せてはなりません。

しかも、韓国は慰安婦問題の捏造に成功したことに気を良くしたのか、今度は自称元徴用工問題を「第二の慰安婦問題」に仕立てようと躍起になっています。韓国はある意味、確信犯として日本の名誉と尊厳を傷つけているのです。だからこそ、先ほどの「利得表」にあった「日本にとっては最大限勝っても利得はゼロ」という状況を改めなければなりません。韓国がウソや捏造に基づき、日本に対して名誉や尊厳を傷つける行為を仕掛けてくるならば、日本は敢然とそれに反撃し、韓国の利得をゼロにするのではなく、大きくマイナスになるようにしなければならないのです。

いや、いっそのこと「日本を貶める韓国の活動そのものを封殺する手段」を探るべき時期が到来しているのかもしれません。いずれにせよ、「逃げ得」を許さず、韓国がこれまで積み重ねてきた日本に対するすべての不法行為を清算させるために、その方法を探っておくのは非常に有意義だ、ということでもあります。

感情で対処するな

ただし、ここでお断りしておきます。

韓国が日本に仕掛けてきている不法行為を巡っては、韓国に対し、毅然とした対処が必要であることに議論の余地はありません。ただ、だからといって「韓国と断交をしろ」などと短絡的に主張するのはおかしな話です。ましてや、合法的に日本に暮らしている韓国人に対して何らかの危害を加えることは、絶対に許されません。あくまでも、韓国に対する制裁は、国際法が許す範囲で行う必要があります。

もちろん、韓国による不法行為に対し、私たち日本人の多くは腹を立て、憤りを感じていることは事実でしょう。しかし、「韓国の行動には腹が立つ」という理由だけで、国交断絶や経済制裁に踏み切れるというものではありません。国民感情だけで動いていたら、それこそ韓国とやっていることが同じになってしまいます。

そこで以下の章では、数字を交えて日韓関係の「量的な側面」を的確に把握しながら「合法的に韓国に制裁を加え、相応のコストを負担させる方法」について検討していきたいと思います。

第二章

数字が表す「日本に頼る韓国」

ヒト、モノ、カネで見る

ヒトの流れ

経済活動の3要素が「ヒト、モノ、カネ」であることはすでに述べたとおりです。日本と韓国の関係について、定量化できない「情報」を除くこの3要素の側面から、客観的な事実関係を確認したものが**図表2−1**です。

まずは人的交流について見ていきます。チェックすべき項目は、図表のうちの①〜④です。このうち①と②が短期的な往来、つまりビジネスや観光などの目的による両国の往来、③と④が中・長期的な人的交流関係、つまり「実際に相手国に居住している人数」です。

このうち「①訪日韓国人（2019年）」に関しては558万人少々と、日本を訪れた外国人全体（3188万人）に占める割合は18％で、全体の2位につけています。しかし、それと同時に忘れてはならないのが、「ノージャパン運動」の影響です。

19年については、7月に日本政府が韓国に対する輸出管理の厳格化・適正化措置を発表したことに伴い、同年8月以降、訪日韓国人が急減しました。これを03年以降でグラ

図表2-1 ヒト、モノ、カネで見た日韓関係

項目	具体的な数値	全体との関係性
①訪日韓国人（2019年）	558万4638人	訪日外国人全体（3188万人）の約18%で全体の２位
②訪韓日本人（2019年）	327万1706人	訪韓外国人全体（1750万人）の約19%で全体の２位
③在日韓国人（2019年12月）	44万6364人	在日外国人全体（293万人）のうち約15.2%で全体の２位
④在韓日本人（2020年10月）	4万5664人	海外在留邦人全体（141万人）のうち約3.2%で全体の８位
⑤対韓輸出高（2019年）	5兆0438億円	日本の輸出額全体（76兆9317億円）のうちの約6.6%で全体の3位
⑥対韓輸入高（2019年）	3兆2271億円	日本の輸入額全体（78兆5995億円）のうちの約4.1%で全体の4位
⑦対外直接投資（日本から韓国への投資額、2019年）	389.8億ドル	日本の対外直接投資全体1兆8583億ドルのうちの約2.1%で全体の21位
⑧対内直接投資（韓国から日本への投資額、2019年）	73.6億ドル	日本の対内直接投資全体3103億ドルのうちの約2.4%で全体の21位
⑨日本の金融機関の対韓与信（2020年6月、最終リスクベース）	562．9億ドル	日本の金融機関の対外与信全体4兆5861億ドルのうちの約1.23%で全体の14位

（出所）①日本政府観光局、②韓国観光公社、③法務省、④外務省、⑤⑥財務省、⑦⑧ＪＥＴＲＯ、⑨国際決済銀行・日本銀行

フ化したものが図表２－２、17年以降について月次でグラフ化したものが図表２－３です（コロナ禍で入国者が激減した20年については含めていません）。

この19年の減少が一過性の現象なのか、今後も続くのかについては、現時点で予想することは困難です。というのも、この「ノージャパン運動」とは別次元で生じたコロナ禍により、日本政府は韓国を含めた全世界の大部分の国からの入国者の受け入れを、事実

図表2-2 日韓の往来

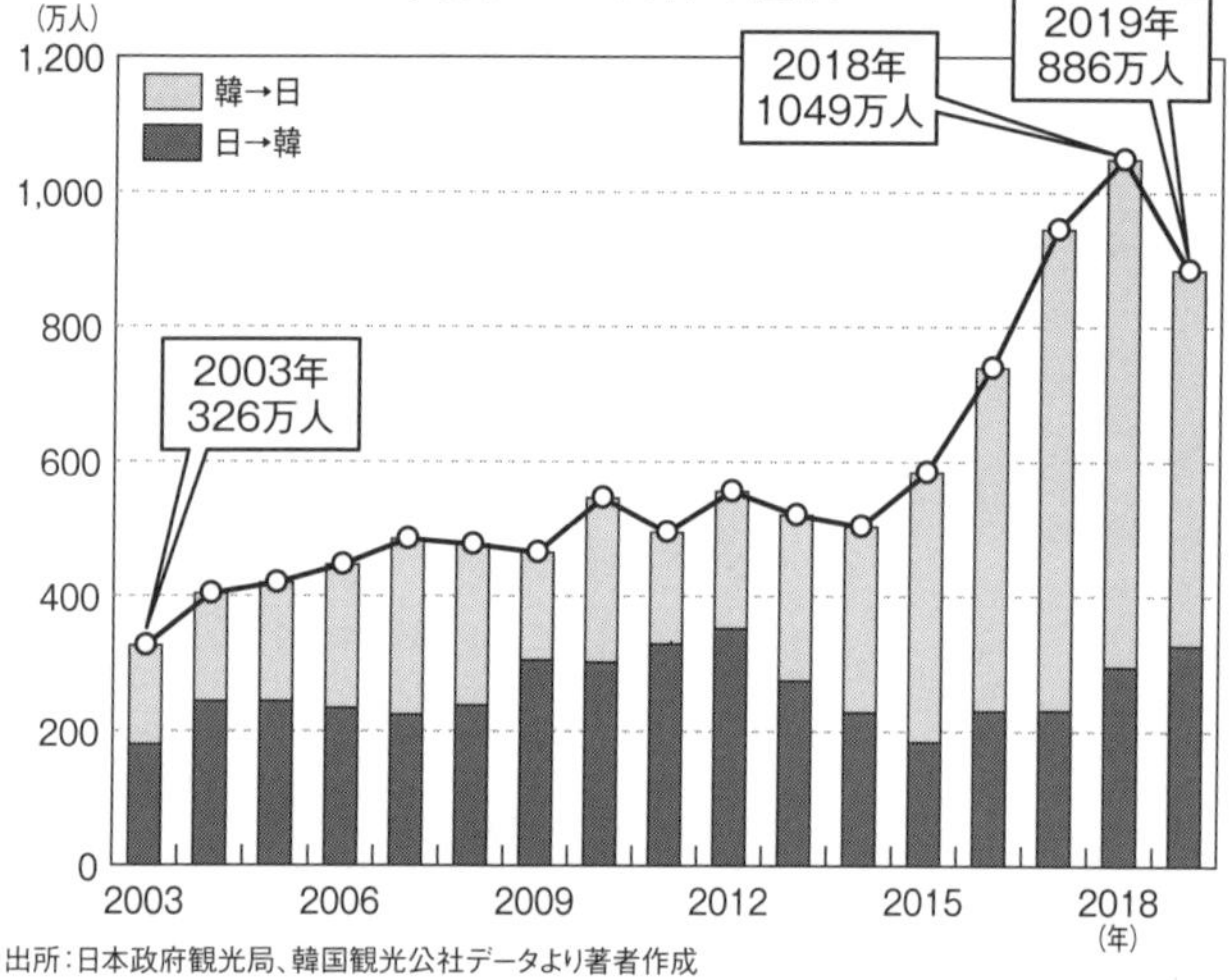

出所:日本政府観光局、韓国観光公社データより著者作成

上、拒否しているからです。もしコロナ禍が終息し、再び日本が外国から観光客を受け入れるようになれば、韓国人観光客などが再び急増する可能性は否定できません。

ただ、19年を通じて見ると、日本を訪れた韓国人の人数は、韓国を訪れた日本人の約1・7倍です。両国の人口に倍以上の差があることを考えると、人口当たりで見た「①日本を訪れた韓国人」の人数は、「②韓国を訪れた日本人」の約4倍近くに達している計算です。

また、長期的なヒトの交流に関していえば、「③在日韓国人(19年12月末時点)」は45万人近くに達していて、これは在留

図表2-3　日韓の往来と前年同月比の推移

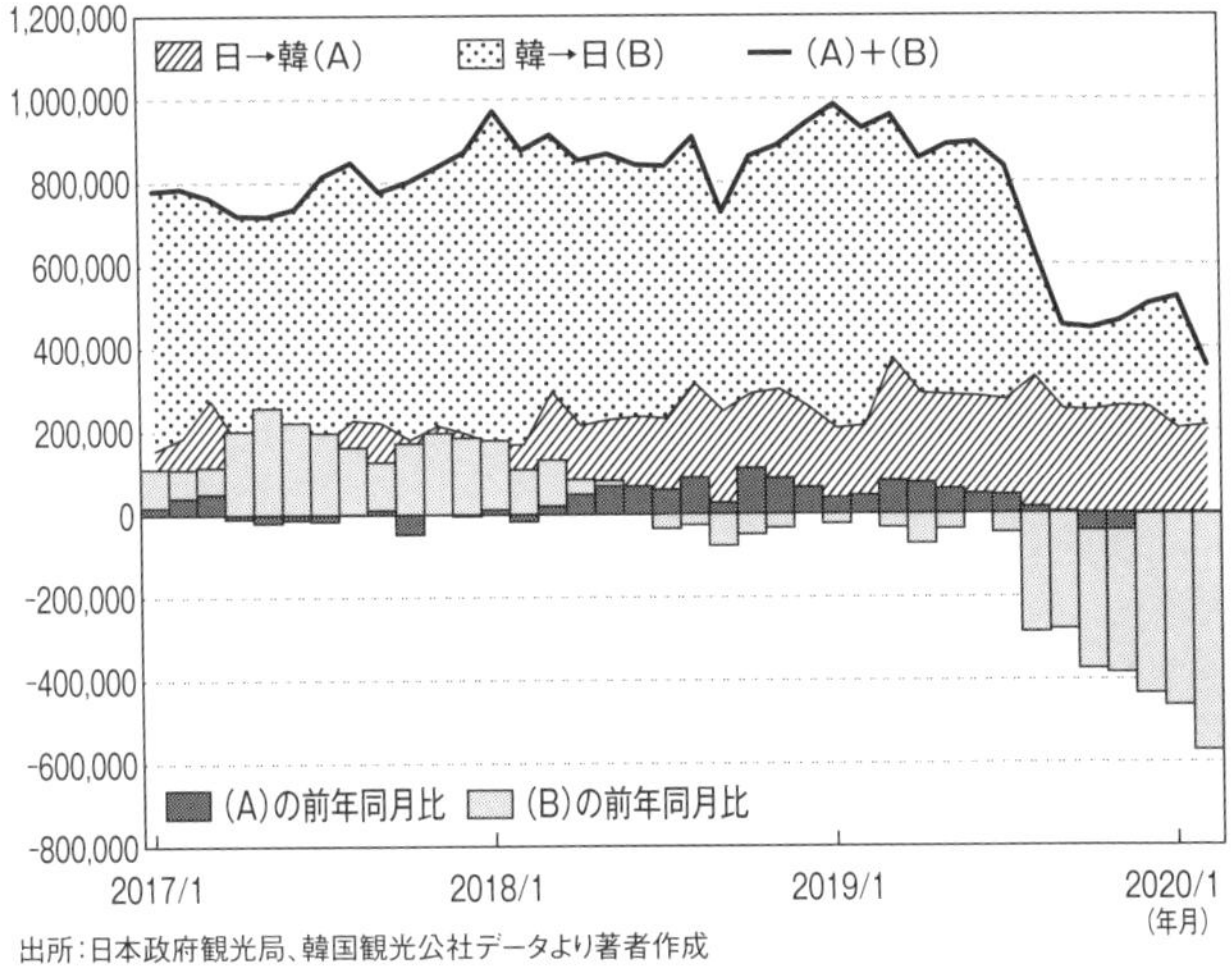

出所：日本政府観光局、韓国観光公社データより著者作成

外国人（293万人）の約15％を占め、全体では中国人（約81万人）に次いで2番目に多い集団となっています。しかし、逆に「④在韓日本人（20年10月）」、すなわち韓国に定住している日本人（永住者、長期在留者）は4万6千人弱で、海外に在留している日本人全体（141万人）のわずか3％少々です。また、韓国に在留する日本人は、海外在留日本人全体でも8位に留まります。言い換えれば、「③在日韓国人」と「④在韓日本人」には、実に10倍もの開きがある、ということです。

もちろん、日本に暮らす韓国人の人数が多い最大の要因は、歴史的な理由もあり、「特別永住権を持っている韓国人が多いから」ですが、法務省の統計によれば、特別永住者の人数は年々3万人程度のペースで減少し続けており、19年末時点では28万1266人に過ぎません。ということは、日本に在住している45万人近くの韓国人のうち16・5万人は、いわゆる「特別永住者」ではなくニューカマーであり、このニューカマーに限定して比較しても、日本に在住している韓国人の人数は、韓国に在住している日本人の4倍以上に達している、ということです。

このことから、少なくとも人的交流に関しては、日韓関係をより深めようとしているのは、日本ではなく、韓国の側ではないか、という仮説が成立するのです。

モノの流れ

次に重要な視点が「モノの流れ」です。

日韓貿易については、日本にとっての2019年における対韓輸出高は5兆円少々であり、日本の輸出先としては第3位ですが、輸出額全体（約77兆円）に対する割合は6・6%であり、これを多いと見るか、少ないと見るかは微妙でしょう。また、輸入高（19年）については、3兆円少々で第4位にとどまり、日本の輸入額全体（約79兆円）に対して

図表2-4　日本の対韓輸出（2019年）

輸入品目	金額	構成比
機械類及び輸送用機器	1兆9067億円	37.80%
うち、一般機械	9117億円	18.08%
→半導体等製造装置	3168億円	6.28%
うち、電気機器	8479億円	16.81%
→半導体等電子部品	2475億円	4.91%
化学製品	1兆2570億円	24.92%
うち、元素及び化合物	3708億円	7.35%
うち、プラスチック	2975億円	5.90%
原料別製品	7939億円	15.74%
うち、鉄鋼	4245億円	8.42%
雑製品	3575億円	7.09%
→科学光学機器	1868億円	3.70%
特殊取扱品	2904億円	5.76%
うち、再輸出品	2758億円	5.47%
上記以外	4383億円	8.69%
日本の対韓輸出合計	5兆0438億円	100.00%

（出所）財務省普通貿易統計より著者作成

約4％少々に過ぎません。つまり、日韓貿易高は、絶対額として見ればそれなりに多いのですが、日韓が隣国同士であり、GDPでも世界第3位の日本と、10位圏内をうかがう韓国の産業面でのつながりを踏まえたうえでなお、日韓貿易が重要だと言えるのかについては、議論の余地はあるでしょう。

ただ、ここでさらに重要なのは、日韓貿易における品目の内訳です。

日本の韓国に対する輸出品は、**図表2－4**のとおり、明らかに「モノを作るためのモノ」（資本財、中間素材）に極端に偏っている、という特

図表2-5 日本の対韓輸入（2019年）

輸入品目	金額	構成比
機械類及び輸送用機器	9522億円	29.51%
うち、一般機械	3937億円	12.20%
うち、電気機器	4527億円	14.03%
→半導体等電子部品	1544億円	4.79%
原料別製品	6955億円	21.55%
うち、鉄鋼	3392億円	10.51%
化学製品	4952億円	15.35%
うち、元素及び化合物	2044億円	6.33%
鉱物性燃料	4290億円	13.29%
うち、石油及び同製品	4233億円	13.12%
上記以外	6551億円	20.30%
日本の対韓輸入合計	3兆2271億円	100.00%

（出所）財務省普通貿易統計より著者作成

徴があります。

ここで、「一般機械」には半導体製造装置、「電気機器」には半導体等電子部品、「原料別製品」には鉄鋼、「雑製品」には科学光学機器などが含まれています。このことから、日韓貿易を品目別に分解し、確認していくと、日本から韓国への輸出品は、韓国の主力産品である半導体やスマートフォンなどの原料や製造装置、部品などで占められているという構図が浮かび上がります。

その一方で、韓国から日本への輸入品については、そもそも絶対額が多いとは言えません（図表2－5）。もっとも、それでも次第に機械類、化学製品、石油製品などの輸入が増えているのは少し気になるところです。つまり、日韓関係は産業面で見る限り、昔は「韓国にとって日本は不可欠だが、日本にとって韓国は不可欠な国ではない」という状況だったのが、近年では徐々に、日韓双方が相互依存を深めつつある、という状況なのかもしれません。逆に言えば、「引き返すなら今のうち」、と言うこともできるでしょう。

カネの流れ

日韓間のヒト、モノの流れがそれなりに活発であるという点はわかったのですが、ここでもうひとつ気になるのは、「カネの流れ」です。結論から言えば、日本から韓国、韓国から日本ともに、「カネの流れ」は驚くほど少ないと言えます。

まず、「図表2-1⑦対外直接投資（日本から韓国への投資/2019年）」が残高ベースで見て400億ドルに満たず、約1・86兆ドルという日本の対外直接投資全体と比べて2・1%に留まっている、という事実です。また、韓国から日本へのカネの流れ、つまり「同⑧対内直接投資（韓国から日本への投資/同年）」に至っては73・6億ドルに過ぎません（日本は世界最大級の対外債権国ですが、それと同時に外国からの投資受入額自体が非常に少ないという特徴を持つ国でもあります）。日韓両国の経済規模や、日韓が地理的に隣国同士であるという事実を踏まえると、とくに日本から韓国への投資額は、ずいぶんと少ないのです。

もちろん、この「カネの流れの少なさ」に関しては、それが直ちに日韓関係の希薄さを示すとは限らない、という点で注意が必要かもしれません。たとえば、「地理的に近いために、わざわざ日本企業が韓国に直接、生産拠点、営業拠点を設ける意味がない」という事情があるかもしれませんし、あるいは、「韓国は中国やベトナムと比べて人件費が高いため、わざわざ韓国に直接進出する必要性を感じていない」という仮説が成り立つかもしれませんが、それにしても少な過ぎます。

さらに言えば、「同⑨日本の金融機関の対韓与信（20年6月末）」に至っては、対外与信全体の約1％に過ぎません。正直、誤差の範囲内でしょう。

これについては、日本の金融機関の対外与信の行き先が先進国に偏っていて（図表2-6）、とくに証券金融（いわゆる債券貸借取引など）が本邦金融機関の対外与信を水膨れさせているという側面があることもまた事実でしょう。そうなると、国際的な金融ハブ機能が非常に弱い韓国は、日本の金融機関にとってまったく重要な相手国ではないとしても不思議ではありません（なお、図表2-1では、「韓国の金融機関による日本に対する

図表2-6　日本の金融機関の国別対外与信（最終リスクベース、10位まで）

順位	相手国	金額	構成比
1	米国	1兆9287億ドル	42.06%
2	ケイマン諸島	6373億ドル	13.90%
3	英国	2068億ドル	4.51%
4	フランス	1986億ドル	4.33%
5	オーストラリア	1381億ドル	3.01%
6	ドイツ	1317億ドル	2.87%
7	ルクセンブルク	1036億ドル	2.26%
8	タイ	1002億ドル	2.18%
9	中国	924億ドル	2.02%
10	カナダ	804億ドル	1.75%
	上記以外	9682億ドル	21.11%
	合計	4兆5861億ドル	100.00%
※14	（韓国）	（563億ドル）	1.23%

（出所）国際決済銀行／日本銀行（2020年６月末時点）

与信」を割愛していますが、その理由は、無視し得るほど少ないからです）。

韓国にとって一方的に重要な日本

以上、「経済活動の３要素（ヒト、モノ、カネ）」について、日韓両国の関係を確認してみました。

いちおう自戒を込めて申し上げておくと、両国関係のすべてを「数字だけ」で把握できるとは思いませんし、また、数字だけを見ていると、ときとして変な誤解をする可能性もあります。また、「数字はウソをつかないが、ウソつきは数字を使う」という格言もあります。したがって、これからは「数字万能論」に偏ることなく、最低限、客観的な数字をきちんと把握したうえで、両国関係はどういう状況にあるのかについて考えていきたいと思います。

その前に、本章で示した「経済活動の3要素」に関するデータについて、著者の見解を改めて記しておきます。

◎ヒトの面では、日本が韓国との関係を積極的に深めようとしているというよりも、むしろ韓国のほうが日本との関係を積極的に深めようとしている

◎モノの面では、日本から韓国に輸出されている品目は、中間素材、生産財などが中心であり、日本の韓国からの輸入額は、例年、輸出額と比べて2兆円前後下回る

◎カネの面では、直接投資、国際与信いずれで見ても、日本にとって韓国は重要な国であるとは言えない

すなわち、数字のうえで日韓関係は「重要である」ことは間違いないにせよ、日韓交流は特定の項目に偏っており、また、日本から見た韓国の重要性は十分にコントロール可能である、と暫定的に結論付けても問題ないでしょう。もちろん、日韓関係が無秩序

に破綻するような事態が生じれば、日本はそれなりに打撃を被りますが、経済にとっては「致命傷」にはならない、ということでもあります。

これに対し、韓国は数字のうえで、とくに半導体などの先端産業において、日本にかなり深く依存しています。著者の私見を申し上げるならば、日本からの技術供与がなければ産業自体が立ちいかなくなるというレベルです。つまり、韓国の産業界にとっては日本との良好な関係は死活問題であり、その事実は韓国の当事者たちもよく理解しています。よく韓国側から「韓日関係は重要である」といった見解が伝えられますが、それは「日韓双方にとって」ではなく「韓国にとって」という文言を補いながら読むべきです。

ただし、一時期と比べて日韓関係は極端に一方通行ではなくなりつつあることにも注意が必要です。とくに、一般にサプライチェーンにおいては、統計上の数値だけでは重要性がないように見えても、実質的にはきわめて重要な品目が存在するかもしれません。このように考えるなら、統計の数値だけを見て「日韓関係が断絶しても日本経済は絶対に致命的な打撃を受けない」と結論付けるのは尚早でしょう。

いずれにせよ、韓国が信頼に値する国であるならば、日本は安心してサプライチェーンを韓国に委ねていけばよいのですが、本章で後述するとおり、残念ながら韓国は国単位で約束や条約を反故にしたり、輸出管理上の不適切な事例を発生させたりする国であり、日本にとって信頼に値する国ではありません。

このように考えるならば、日韓関係が今日のように重要となった点については重く受け止めながらも、これ以上、日本が韓国に対してサプライチェーンでの依存を深めず、調達源や販売先を多様化していく努力が必要ではないでしょうか。

輸出管理厳格化の本当の意味

ホワイト国待遇とは？

さて、日韓の産業のつながりについて議論する際、どうしても避けて通れないのが、2019年に問題となった「輸出管理の厳格化」という論点です。その際、前提として抑えておきたいのが、「輸出管理」という仕組みです。その輸出管理の典型的な条文が、「外国為替及び外国貿易法（外為法）」という法律に設けられた、こんな規定です。

【外為法第48条第1項（輸出の許可等）】

国際的な平和及び安全の維持を妨げることとなると認められるものとして政令で定める特定の地域を仕向地《しむけち》とする特定の種類の貨物の輸出をしようとする者は、政令で定めるところにより、経済産業大臣の許可を受けなければならない。

これは、簡単にいえば、「民生品」と偽って外国に輸出された品物が軍事転用されてしまうことを防ぐための制度であり、本書では日本政府（経産省や外務省など）の呼び方にならって、この制度を「輸出管理」と呼称したいと思います。

また、輸出管理については、この条文以外にも、外国に技術を提供する際にも同様に、許可を受ける義務を課すことができるとする条文が設けられています（外為法第25条第1項・第3項、俗にいう「役務取引」。ただし、説明は割愛します）。

もちろん、日本は基本的に自由貿易を大事にする国であり、本来ならば製品の輸出は自由にやって良いはずですが、もしも軍事転用されかねない製品が野放図に輸出され、テロリストや犯罪国家などの手に渡ってしまうと、結果的に日本や世界の平和が損なわれるかもしれません。

考えてみれば当然ですが、技術大国である日本はさまざまな民生品を生産しており、

図表2-7　国際的な輸出管理レジームのうちおもなもの4つ

関連する分野	レジーム名称	英文と略称	参加国数
核兵器	原子力供給国グループ	Nuclear Suppliers Group, NSG	48カ国
生物・化学兵器	オーストラリア・グループ	Australia Group, AG	42カ国＋EU
ミサイル	ミサイル技術管理レジーム	Missle Technology Control Regime, MTCR	35カ国
通常兵器	ワッセナーアレンジメント	The Wassenaar Arrangement, WA	42カ国

これらのなかには簡単に軍事転用できるものもたくさんあります（たとえば肥料に使われる硝酸アンモニウムは爆薬に転用可能です）。そこで、我が国では「軍事転用される危険性がある」などの一定条件を満たした場合に、自由貿易の例外として、輸出許可を受ける義務を課すことができるのです。

そして、テロリストや無法国家の活動は簡単に国境を越えるわけですから、取り締まる側も国同士が協力しなければなりません。実際、我が国の輸出管理の仕組みも、国際社会と足並みを揃えて整備されています。この「国際的な仕組み」の例が輸出管理レジームであり、その主な4つをまとめたものが、**図表2-7**です。

これらのレジームについては「必ず参加しなければならない」というものではありませんが、ただ、そのすべてに参加している国は、それだけ世界の安全保障に強くコミットしている国でもあります。そして、我が国の輸出管理の仕組みも、これらの国際的なレジームと整合するように構築されています。

なお、すべてに参加している国は、次の30カ国です――日本、アルゼンチン、オーストラリア、オーストリア、ベルギー、ブルガリア、カナダ、チェコ、デンマーク、フィンランド、フランス、ドイツ、ギリシャ、ハンガリー、アイルランド、イタリア、ルクセンブルク、オランダ、ニュージーランド、ノルウェー、ポーランド、ポルトガル、スペイン、スウェーデン、スイス、英国、米国、ウクライナ、トルコ、韓国。

韓国はグループAに値しなかった

さて、現在の我が国では、輸出管理は大きく「リスト規制」と「キャッチオール規制」の2つの柱から成り立っていて、日本は世界各国を「グループA～D」の4つに分類したうえで、きめ細かく管理しています。これについて、経産省が公表する資料に著者の理解を加えて作成したものが、**図表2－8**です。

まず、「リスト規制」では、先ほどあげた国際的な輸出管理レジームで合意された個別品目について、「経産大臣の許可がなければ外国に輸出することができない」などとする仕組みのことです。その際、製品を輸出するだけでなく、技術を移転しようとする場合

図表2-8　わが国の輸出管理のグループ分け

グループ	概要	具体的な内容
グループA （旧ホワイト国）	４つの国際的な輸出管理レジームに参加している日本以外の29ヵ国のうち、トルコ、ウクライナ、韓国を除く26ヵ国	①リスト規制品については、後述する「特別一般包括許可」に加え、「一般包括許可」という最も緩い許可が認められる品目も多い。 ※なお、「一般包括許可」を取得した企業は、個別許可の取得が不要。また、取得にあたって、輸出管理内部規定の整備も求められない ②４つのグループのなかで、唯一、キャッチオール規制が適用されない。
グループB	韓国など、いずれかの国際的な輸出管理レジームに参加している国のなかから指定される国。なお、経産省は具体的な国名を明らかにしていない	①リスト規制品については「一般包括許可」は認められないが、「特別一般包括許可」、「特定包括許可」などの仕組みが使える品目がある。 ※「特別一般包括許可」を取得した企業は、個別許可の取得が不要だが、取得にあたっては「輸出管理内部規定」の整備などが求められる ②キャッチオール規制が適用される。
グループC	Ａ、Ｂ、Ｄのいずれにも該当しない国	①リスト規制品については、「グループＢ」と比べると「特別一般包括許可」などの対象品目は少ない。 ②キャッチオール規制が適用される。
グループD	いわゆる「懸念国」。『輸出貿易管理令』の「別表３の２」や「別表４」に掲載されている国で、重複を除外すると次の11ヵ国＜アフガニスタン、中央アフリカ、コンゴ民主共和国、イラク、レバノン、リビア、北朝鮮、ソマリア、南スーダン、スーダン、イラン＞	①リスト規制品については基本的にすべて個別許可の対象となる。 ②キャッチオール規制が適用される。

（出所）輸出貿易管理令および経産省『リスト規制とキャッチオール規制の概要』などを参考に著者作成

にも、同様に許可が必要とされます。

具体的な「リスト規制品」としては、武器、原子力、化学兵器、生物兵器、ミサイルなどの軍需品に加え、先端材料やエレクトロニクス、コンピューター、通信関連やセンサー、レーザーなどの民生品が指定されています。

次に、「キャッチオール規制」は、リスト規制品に指定されていない品目であっても、大量破壊兵器や通常兵器の開発などに使用されるおそれがある場合には、経産大臣の許可が必要とされる制度のことです。具体的には、食料や木材等を除くすべての貨物や技術が対象とされ、輸出業者が用途の確認または需要者の確認を行った結果、軍事転用などのおそれがあると判断した場合や、経産大臣から「許可申請をしなければならない」と通知を受けた場合などに適用されます。

ただし、ここでひとつポイントをあげるなら、「グループA」に区分された国へ輸出する場合、「管理がかなり緩くなる」という点です。なぜなら、リスト規制が適用される場合であっても、「一般包括許可」と呼ばれる許可制度を使うことができる品目も多く（全品目に認められるわけではありません）、かつ、キャッチオール規制も免除される、という優遇措置が与えられているからです。しかも、一般包括許可は輸出管理に関連する内部規定を設ける必要もありません。

ちなみにこの「グループA」に韓国を加えた27カ国を、2019年8月以前、日本は「ホワイト国」と称していました。それと比べて、「グループB」に輸出する場合、「特別一般包括許可」などの仕組みを使うことはできますが、社内で輸出管理に関連する内部規定を設けなければならないなど、一般包括許可と比べてハードルも上がります。さらに、「グループB」以下の国に対してはキャッチオール規制が適用されてしまいます。

このように、「グループA」とそれ以外の国々に対しては、輸出管理に大きな差異があるのです。

輸出管理適正化措置を振り返る

さて、どうしていま再びこの制度について詳しく述べたのかと言えば、日本政府が2019年7月1日に発表した措置、そして本書のテーマである「韓国との関係は深めても良いのか」という論点と、非常に深く関わっているからです。

日本政府の発表内容は、次の2点でした。

◎輸出管理を適切に実施する観点から、韓国をいわゆる「ホワイト国」から除外する
◎フッ化ポリイミド、レジスト、フッ化水素の3品目の輸出等を包括輸出許可の対象から外し、個別許可に切り替える

ここで「ホワイト国」とは、先ほど説明したとおり、現在の用語でいう「グループA」のことです。そして、日本政府が発表したこの措置のことを、本書では以降、「厳格化措置（対韓輸出管理厳格化措置）」または「適正化措置（対韓輸出管理適正化措置）」と呼ぶことにします。

当時の経産省の発表によれば、日本政府が適正化措置を講じるとした理由は、次の2点です。

◎輸出管理制度は、国際的な信頼関係を土台として構築されているが、関係省庁で検討を行った結果、日韓間の信頼関係が著しく損なわれたと言わざるを得ない状況である。
◎国との信頼関係の下に輸出管理に取り組むことが困難になっていることに加え、韓国に関連する輸出管理をめぐり不適切な事案が発生した。

おりしも19年7月といえば、215ページで詳述するとおり、自称元徴用工判決問題を巡って日本政府が韓国に対して日韓請求権協定に基づく第三国仲裁の付託を通告していた時期でもあります。こうした事情を踏まえ、この適正化措置を巡っては、一部メディアは「いつまで経っても日本政府の要求に応じない韓国政府に対して日本政府が発動した報復措置だ」などと解説。酷い例では「事実上の禁輸措置だ」などと報じたメディアもあったほどです。

また、この日本政府の措置に対し、韓国政府は直ちに「不当な輸出規制措置だ」と強く反発し、無関係な国際会議の場などを使って公然と日本政府を批判したり、まったく無関係の協定の破棄をチラつかせたりするなどして、日本政府に「輸出規制の撤回」を要求。これらが聞き入れられないと見るや、挙句の果てに日本を世界貿易機関（WTO）に提訴したほどです。

ただし、この適正化措置は、「輸出規制」でもなければ、経済制裁でも対抗措置でもありません。それが、著者の見解です。そう考える根拠はいくつかあるのですが、ここでは事実関係を3つ確認しておきましょう。

1点目は、この措置を発表した時期です。自称元徴用工判決問題を巡る第三国仲裁手続の委員指名期日は7月19日であり、もしこの措置が同問題の解決に向けて協力しない韓国への意趣返しであるならば、同措置を7月19日以前に発表したこと自体が矛盾します。

2点目は、日本政府の措置を「報復」と見るのであれば、そもそも内容が軽すぎる、という点です。個別許可に切り替えられたフッ化水素などの輸出はその後も続いています。つまり、用途に問題がないと確認された場合、問題なく輸出許可が出ているのです。また、確かに日本は韓国を「グループA」から除外しましたが（これにより韓国に対しては一般包括許可が使用できなくなり、また、キャッチオール規制が適用されるようになりました）、依然として韓国は「グループB」という優遇対象国ですし、特別一般包括許可などの仕組みを使うことも可能です。また、19年12月には、3品目のうちのレジストについては、「特定包括許可」、つまり、継続的な取引相手への輸出を包括的に許可する制度が使えるように緩和されています。

そして3点目は、そもそも日本政府が発動した根拠規定は外為法第48条第1項であり、韓国政府などがしきりに大騒ぎする「輸出規制」の根拠条文は外為法第48条第3項です。すなわち、韓国政府などの主張は、根拠規定自体が間違っているのです。

つまり、①時期がおかしい、②対抗措置にしては措置が緩すぎる、③根拠規定が違う——という3つの理由により、「日本政府の措置はあくまでも輸出管理の運用変更であり、少なくとも輸出規制ではない」と、著者は自信をもって断言したいと思います。

やましくて政策対話に応じられなかった？

もちろん、著者自身はこの適正化措置を巡って、自称元徴用工判決問題やレーダー照射事件、上皇陛下侮辱事件、慰安婦合意の破棄など、韓国側の非友好的・非合理的な態度が「日本政府側の対韓不信」を募らせる原因のひとつになっている可能性を否定するつもりはありません。また、日本政府関係者のなかに、同問題などの解決に向けて不誠実な韓国に対して不信感を抱く人が増えてきたとしても不思議ではありませんし、同措置をとったことで、内心「これで韓国に仕返しができた」と快哉を叫んだ人もいたかもしれません。

しかしながら、本件をさらに深掘りしていくと、やはりこの措置は「韓国への対抗措置ではない」と考え得る証拠が、さらにいくつか出てきます。そのひとつが、たとえば「日韓両国の輸出管理担当者同士での政策対話が途絶えてしまっている」という事実です。

経産省は以前より、韓国を「グループA」（つまり旧「ホワイト国」）に戻すための最低の条件として、輸出管理に関する日韓両国の政策対話が欠かせない、との立場を示していますが、肝心のその政策対話自体、２０１６年６月を最後に途絶え、日本政府が対韓輸出管理適正化措置を発表した19年7月時点で3年以上開催されていませんでした。日本政府がこの措置を発表したタイミングに照らすならば、「政策対話が3年間開催されていないこと」が大きな判断要因になった可能性が高いと言えるでしょう。

しかし、こうした言い分がまったく考慮されないのが、韓国の韓国たるゆえんなのかもしれません。実際、日本の適正化措置に対する韓国政府の対応は、異常と言わざるを得ないものばかりでした。

たとえば、日本政府がこの措置を発表した直後、スイス・ジュネーブで行われたWTO一般理事会で、韓国の出席者が一方的に日本の非難を始め、日本の出席者が「徴用工問題とはまったく関係なく、輸出規制措置でもない」ことを理事会で強調するという一幕もありました。また、バンコク（タイ）で8月に行われたASEAN地域フォーラム（ARF）外相会合では、韓国の康京和外交部長官（当時）が会議冒頭で日本を強く批判。これに河野太郎外相（当時）が反論するというやりとりがなされました。

そして、これらの「告げ口外交」は韓国の異常な行動のほんの序の口に過ぎませんでした。やはり、韓国政府の振る舞いで多くの国々を呆れさせたのは、「秘密軍事情報の保護に関する日本国政府と大韓民国政府との間の協定」つまり「日韓GSOMIA（ジーソミア）」の破棄騒動です。日韓GSOMIAとは、16年11月23日に日韓間で締結された軍事情報の包括的な保護協定（1年ごとの更新。破棄する場合は更新日の3カ月前までの通告が必要）です。韓国は19年8月23日に同協定を破棄する旨、通告してきたのです。

もっとも、この日韓GSOMIAには「日米韓3カ国連携を円滑に機能させる」という目的があったため、韓国政府のこの決定に対して激怒したのは（日本ではなく）米国でした。その結果、失効する直前の19年11月22日の夕刻になって、韓国政府は事実上、決定を撤回する決断を下したのです。

ちなみにこの「GSOMIA破棄騒動」の直後、3年半途絶えていた日韓の政策対話が19年12月に約3年半ぶりに実現し、続いて20年3月にも開催されています。

しかし、懲りない韓国政府はその後、突如として20年6月に「日本の輸出規制の不当性」を世界貿易機関（WTO）に提訴すると発表。さらに、せっかく再開した日韓政策対話については再び中断しており、現時点において韓国政府は梶山弘志経産相の対話の呼びかけを無視している状況です。このような対応を見るにつけ、「輸出管理の仕組みを整えて国際社会の平和と安全に貢献しよう」という意欲が韓国に存在するのか疑わしいと言わざるを得ません。

ちなみに、韓国政府はその後、20年7月に開催されたWTOの紛争解決機関（DSB）において「日本の輸出規制は不当だ」などと訴えたのですが、これに対し米国側は次のような趣旨の主張をしています。

「安全保障上の重要な利益を守るうえで必要な事項を判断できるのは日本だけである。安全保障の問題と通商の問題を混同した訴訟が増加すれば、安全保障の問題にＷＴＯが巻き込まれることになりかねない」

要するに、「安全保障の問題を通商問題に持ち込むな」という苦言ですね。

フッ化水素はどこに消えた？

ただ、右記の指摘は「韓国が輸出管理体制の構築に非協力的だ」というだけの話なの

図表2-9　品番2811.11-000の輸出（数量）

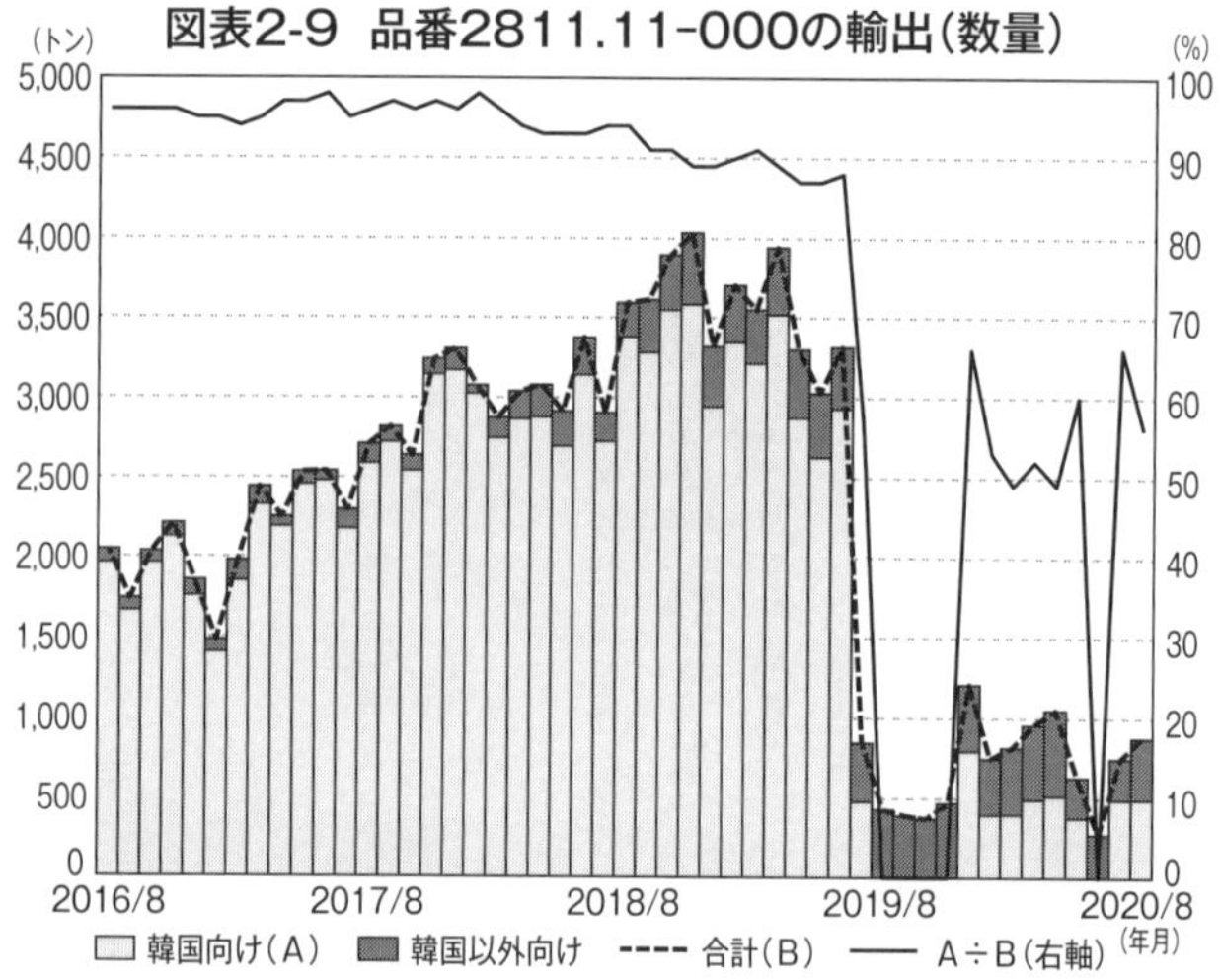

出所：財務省『普通貿易統計』より著者作成

ですが、ここでもうひとつ、きわめて不自然なデータについても紹介しておきたいと思います。それが、財務省の「普通貿易統計」を使った分析です。

日本が対韓輸出管理を厳格化した3品目のうち、フッ化水素（とフッ化水素酸）に関しては独立した品番が付与されています（HS番号2811・11－000）。そして、この品番について、日本から外国の輸出高の国別明細を分析してみた結果、興味深いことが判明しました（図表2－9は数量ベース、図表2－10は金額ベース）。

ここから判明するのは、日本政府が適正化措置を発動する直前まで、「281

図表2-10　品番2811.11-000の輸出(金額)

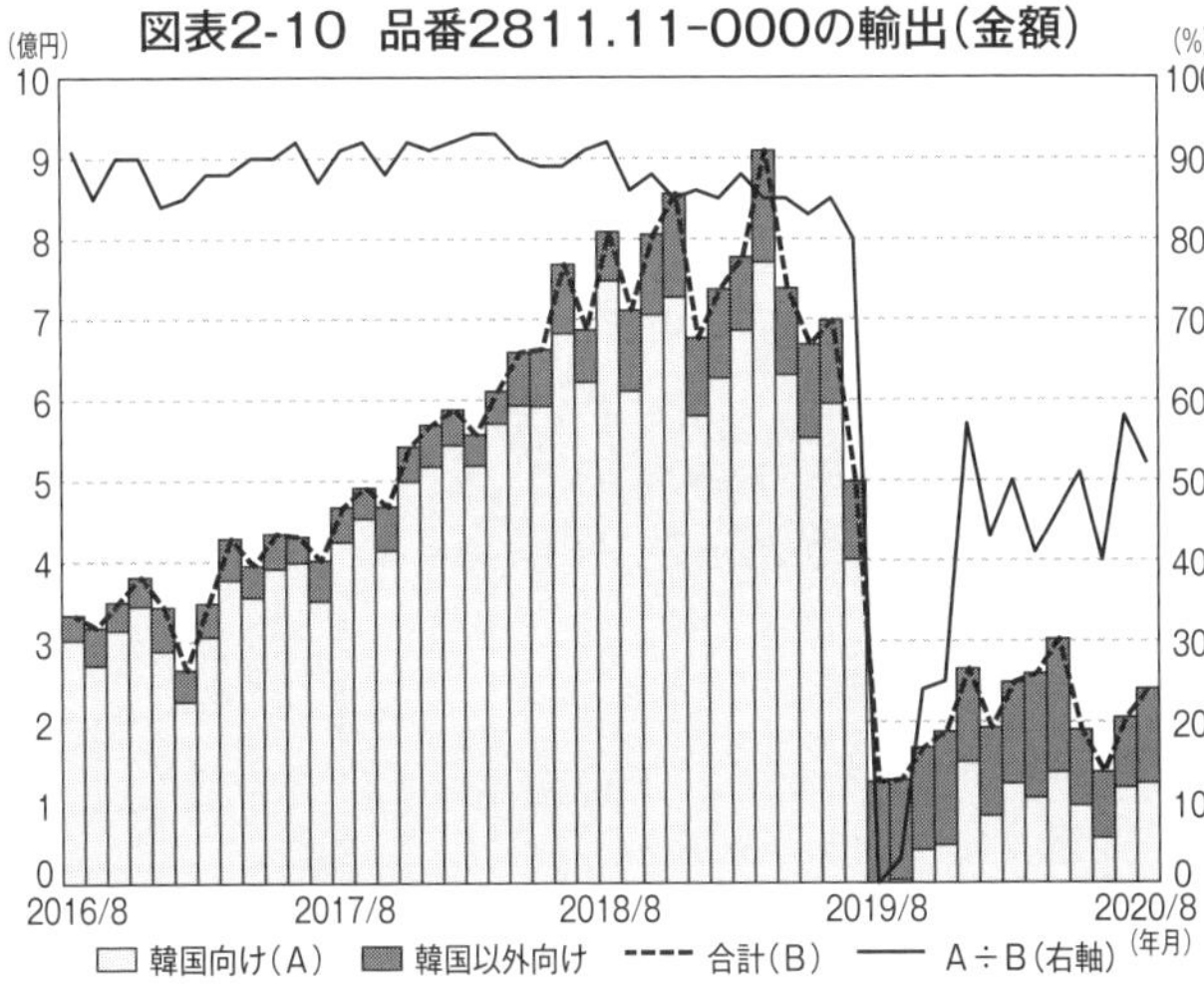

出所：財務省『普通貿易統計』より著者作成

1・11-000」の輸出の約8～9割が韓国向けだった、という事実であり、適正化措置発動後、その対韓輸出高が数量・金額ともに激減しているという事実です(ただし、日本から外国に輸出されるフッ化水素は、「0000・00-190(再輸出品)」にも紛れている可能性があるため、「2811・11-000」が日本から外国に輸出されたフッ化水素の全量とは限らない点には注意が必要です)。

この点、フッ化水素は半導体製造工程において使用されることでも知られており、とくに、俗に「12N」(純度99・99…9%、つまり9が12個並ぶ純度)などと

図表2-11　韓国向け月次輸出高（半導体等製造装置）

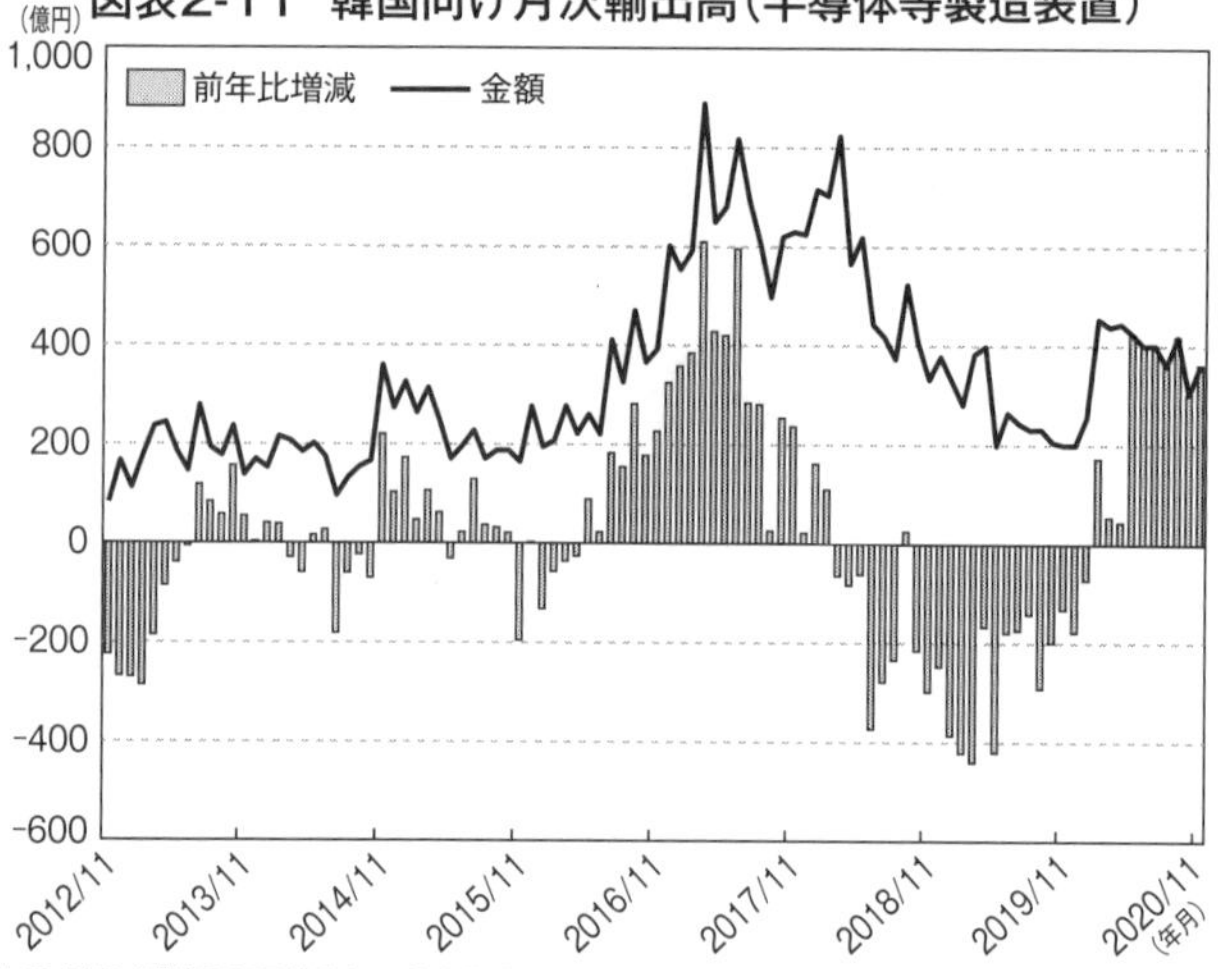

出所：財務省『普通貿易統計』より著者作成

呼ばれる高純度品については日本企業が圧倒的な強みとシェアを維持しているとされていますが、それにしても2019年6月までの対韓輸出高は多過ぎます。

また、同年8月以降、日本から韓国への「2811・11－000」の輸出が急減したことは事実ですが、そのわりに「半導体製造が滞った」という報道は目にしませんし、むしろ日本の韓国に対する半導体製造装置の輸出は、20年に入って前年同月比で増加に転じています（図表2－11）。もし日本が本気で韓国の半導体産業に打撃を与えるつもりならば、半導体製造装置に「輸出規制」をかけるはずです。しかし、なぜそれをしないのか、

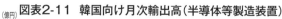

日本の措置を「規制だ」などと批判している人たちには説明する義務があると思います。

そして、ここで気になるのはその用途です。そもそもフッ化水素の用途は、半導体製造という民生品だけではありません。原爆の材料である「ウラン235」を濃縮する際に使用される物資でもあります。とくに、ウランはプルトニウムと比べて比較的小さな設備で濃縮が可能なため、北朝鮮やイランなどの「無法国家」や、アルカイダ、ISILなどの国際テロ組織がウラン濃縮装置を密かに作って地下に隠していても不思議はありません。そして、もし韓国から日本産のフッ化水素がこれらの国に横流しされていたとしたら、それは大変な事態です。

というのも、直接横流しした国が仮に韓国だったとしても、そんな国に「ホワイト国」の地位を与え、核兵器の製造に流用されかねないフッ化水素を「一般包括許可制度」で無制限に輸出していたこと自体、日本の責任問題になりかねないからです。

もちろん、韓国が迂回貿易ないし目的外使用をしていたという具体的な証拠があるわけではありませんが、世耕弘成経産相（当時）が19年8月8日付の記者会見で述べた内容が参考になります。

「輸出許可申請についても引き続き厳格な審査を行って、迂回貿易や目的外使用といった事例が出ることがないように、厳正に対処をしていきたい」。

この発言をもって、「韓国が迂回貿易や目的外使用を行ったと日本政府が判断した証拠」だと早とちりすべきではありませんが、ただ、フッ化水素の対韓輸出が異常に水膨れしていたという事実を踏まえるならば、韓国に輸出された品目が、何らかのかたちで不正利用されていた（あるいは日本政府がそう疑っている）可能性は否定できません。

韓国が「輸出規制」撤回を求める理由

以上の点から、2019年7月の適正化措置の本質とは、韓国が日本からの「ホワイト国」としての地位に基づき、キャッチオール規制が適用対象外となるほか、リスト規制品に関しても一般包括許可という非常に緩い仕組みが使用可能という状況を悪用した「事件」だった、という疑いが浮上するのです。

ちなみに、これまでの韓国政府の主張を著者の分析で4点に集約すると、次のとおりとなります。

①日本の対韓輸出規制措置は強制徴用問題に対する不当な報復である
②韓国は順調に脱日本化を進めており、日本の輸出規制で困っているわけではない
③日本の輸出規制は不買運動などを通じ、むしろ日本に打撃を与えている
④日本は今すぐこの輸出規制を全面撤回すべきだ

右の②と④が猛烈に矛盾しているのには思わず苦笑してしまいますね。

ただ、韓国側は政府、メディア、経済団体などが折に触れ、この「輸出規制の緩和ないしは撤回」を日本に対して要求していることは事実です。

たとえば、聯合ニュース（日本語版）の20年10月22日付の報道によれば、韓国の経済団体である「全国経済人連合会（全経連）」の副会長が駐韓日本大使に対し、「とくに、素材・部品・装備分野において、対韓輸出規制を緩和して欲しい」と要請したとも伝えられていますし、11月5日付の中央日報（日本語版）の報道では、日本の経済産業省に相当する産業通商資源部が主催した「韓日産業技術フェア」で、同部の次官補が「韓日関係は厳しい時期だが、両国関係の根幹である経済交流と協力は続かなければならない」

などと発言したそうです。

正直、韓国大統領府が「韓国はこの輸出規制措置でまったく困っていない」などと主張しているわりには、韓国の政府、財界などからはホンネがポロポロと出ているのは興味深いところです。

もっとも、日本政府が韓国に対する輸出管理を適正化した原因（日本政府が韓国とのあいだで信頼関係をもって輸出管理に取り組むことができない、韓国が輸出管理を巡って不適切な事例を発生させた、など）が解消していない以上は、日本政府が韓国側の「輸出規制を撤回せよ」とする要求に応じることはできませんし、応じてはなりません。なぜなら、日本が韓国を再び「グループA」に指定し、その後、韓国で輸出管理を巡る不適切な事例がまた発生すれば、今度は日本自体が「輸出管理が甘い国に最も緩い待遇を与えた」ことを通じて、世界の平和と安全に脅威を与えることになりかねないからです。

その意味では、日本が適正化措置を貫くことができるかどうかは、日韓関係にとどまらず、日本が世界の平和と安全にどこまでコミットできるかという論点とも密接に関わっているのではないでしょうか。

日韓金融協力

為替変動に極端に弱い韓国

日韓関係について金融面から議論する際、歴史的にみて日本が韓国をさまざまな手段でバックアップしてきたという経緯を無視することはできません。ここでカギとなるのは、韓国の外貨準備と韓国ウォン相場、そして対外債務（とくに短期債務）です。

そもそも論ですが、韓国は経済の外需依存度が高いわりに、自国の通貨である韓国ウォンは、国際的な金融市場で広く通用する通貨（ハード・カレンシー）ではありません。

このため、韓国の企業は必然的に、国際的な生産活動を行うに際して、外貨（とくに米ドル）で資金調達を行う必要があります。その一方で、韓国は貿易（輸出高や輸入高）が国内総生産に占める割合が非常に高く、とくに輸出依存度については2017年で35%に達しています（図表2－12）。

つまり、韓国経済を金融から見れば、次の2つの特徴があるのです。

図表2-12　G7、中韓、香港・シンガポールの貿易依存度（2017年）

国・地域	輸出依存度（%）	輸入依存度（%）	貿易依存度（%）
米国	7.9	12.4	20.3
日本	14.4	13.8	28.2
中国	18.9	15.3	34.2
英国	16.6	23.3	39.9
韓国	35.3	29.4	64.7
フランス	20.7	24.1	44.8
イタリア	26.3	23.5	49.8
カナダ	25.6	26.8	52.4
ドイツ	39.2	31.5	70.7
シンガポール	115.1	101.1	216.2
香港	145.7	163.8	309.5

（出所）総務省統計局『世界の統計2020』図表9-3より著者作成

◎外貨依存度が高い（外国から多額のおカネを借りている）
◎外需依存度が高い（外国への輸出で儲けている）

韓国が弱小国である間はまだ良かったのですが、いまや韓国は1人あたりGDPで日本と肩を並べるほどの経済大国です。そして、この2つの問題は、実は韓国のアキレス腱のようなものです。なぜなら、為替変動に極端に弱いからです。

具体的には、自国通貨であるウォンの価値が上昇すれば、輸出企業にとっては輸出競争力が削がれてしまうため、過度なウォン高は防がなければなりません。しかし、外貨での借入も多いため、ウォンの価値が下がり過ぎれば、韓国企業の財務体質が悪化するかもしれませんし、なにより市場関係者の間でリスク選好度が低下すれば、韓国を含めた新興市場諸国からの資金流出が発生しかねません。

つまり、韓国経済は、常に「ドル・ウォン相場の安定」と「外貨資金繰りの安定」を強く意識しなければならないのです。

韓国が経験した資金流出

ここで参考になるデータが2つあります。

ひとつは韓国銀行が作成し、公表している外貨準備統計、もうひとつは国際決済銀行（BIS）が集計し、公表している「国際与信統計」です。

国際通貨基金（IMF）などの説明によると、外貨準備とは、外的なショック（たとえば通貨危機など）に備えて、その国の通貨当局が保有する、流動性の高い外貨建ての資産のことです。韓国は（統計上は）外貨準備高を順調に増やしており、とくに2020年12月時点では過去最高の4431億ドルに達した、などと発表していますが、過去には大きく減少したことがありました。それが、08年です。

08年といえば、「サブプライム住宅ローン」と呼ばれる金融商品の焦げ付きなどに起因

図表2-13　韓国のマネタリーベース、外貨準備、為替相場

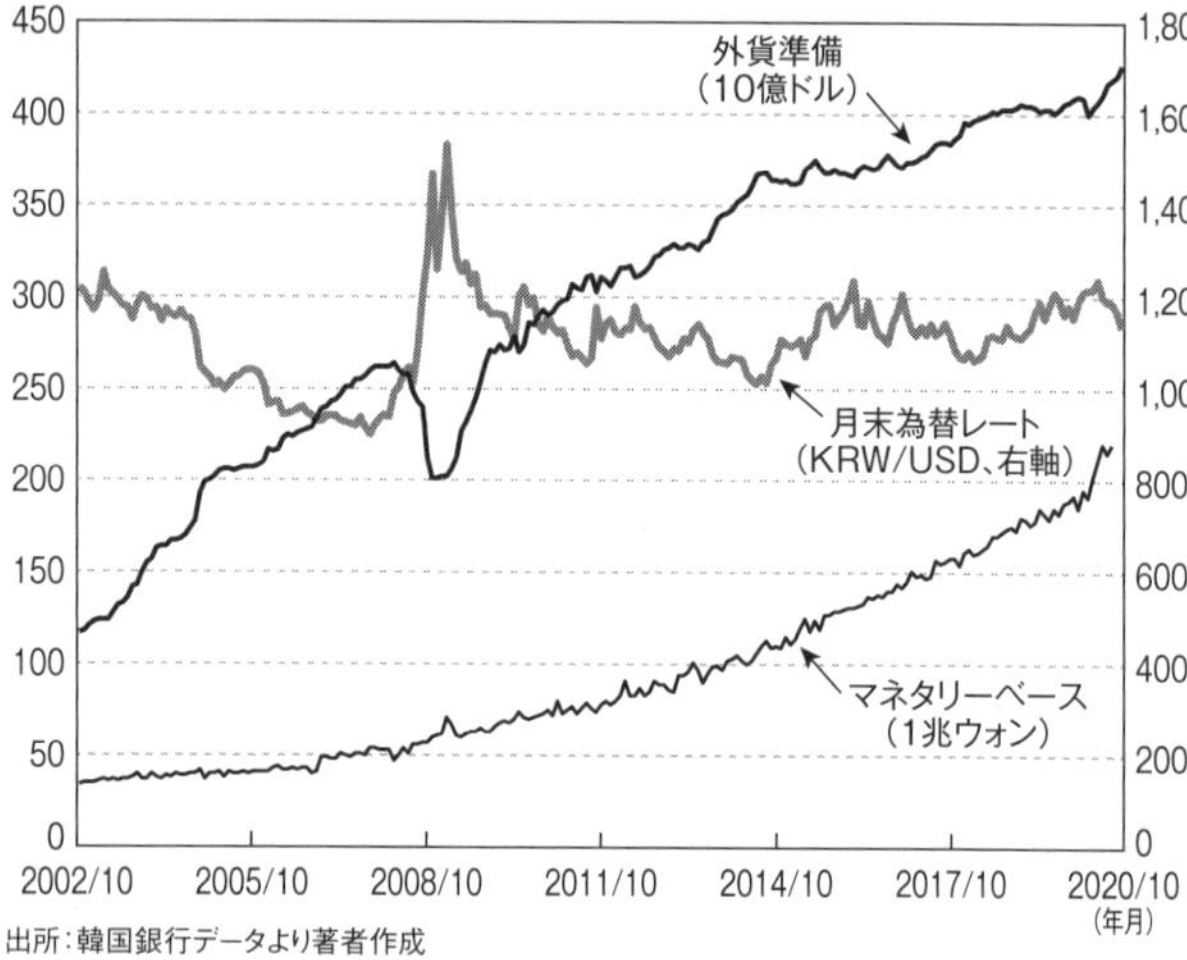

出所：韓国銀行データより著者作成

し、世界的な金融不安が高まっていた時期であり、とくに同年9月に米投資銀行大手リーマン・ブラザーズが経営破綻したことに端を発する一連の金融危機については、我が国では「リーマン・ショック」などと呼ばれることもあります。

図表2－13は、韓国の外貨準備高とマネタリーベース、為替レート（米ドル・韓国ウォン）をグラフ化したものです（為替レートは右軸、それ以外は左軸）。これで確認すると、08年3月に2642億ドルだった同国の外貨準備高は、リーマンの経営破綻後の同年11月には2005億ドルへと急減していることが確認できます（当時の韓国の外貨準備高が本当に2

図表2-14　韓国に対する与信残高（2020年6月末・最終リスクベース）

相手国	金額	割合
英国	884億ドル	27.01%
米国	834億ドル	25.48%
日本	563億ドル	17.20%
フランス	292億ドル	8.91%
ドイツ	160億ドル	4.88%
台湾	120億ドル	3.66%
その他	421億ドル	12.87%
合計	3273億ドル	100.00%

（出所）国際決済銀行

005億ドルあったのかという点に関し、別途疑問があるのですが、これについては本書では触れません）。

また、それを裏付けるように、韓国の通貨・ウォンの対米ドルでの為替相場も急落しており、「韓国から外国人投資家が一斉に資金を引き上げた」、「韓国の通貨当局は通貨防衛を余儀なくされた」という仮説が成り立つのです。

次に、BISの「国際与信統計」は、民間金融機関がどこの国にいくらのおカネを貸しているかについて、国際的に統一された基準で集計しているデータで、図表2－1でも出てきたものです。そして、これによれば20年6月末時点で韓国は外国の民間金融機関から3273億ドルの資金を借りている計算ですが（最終リスクベース／図表2－14）、このうち最も金額が多いのは英国で全体の27％を占め、次いで米国、日本がこれに続きます。ま

図表2-15　韓国に対する1年内の外貨建て与信（2020年6月末）

相手国	金額	割合
米国	340億ドル	30.38%
英国	137億ドル	12.29%
日本	128億ドル	11.50%
フランス	89億ドル	8.00%
スイス	45億ドル	4.01%
その他	378億ドル	33.82%
合計	1118億ドル	100.00%

（出所）国際決済銀行

た、同じ統計をもとに、韓国が外国の金融機関から借り入れている1年以内の短期の外貨建債務（所在地ベース）について集計すると、1118億ドル（20年6月末時点）で、韓国にとっての最大の借入先は米国（340億ドル）です（図表2−15）。

そして、この「1年以内の短期の外貨建債務」についても過去の推移を調べていくと、興味深いことがわかります。1990年代以降に限定しても、過去に2回ほど、大きく減った時期があるからです。1回目はアジア通貨危機のあった97年前後、2回目はやはりリーマン・ショックの前後です（図表2−16）。

ちなみに、先のコロナ禍の際にも、20年3月だけで外貨準備高が100億ドル近く減少しているのですが、これも韓国の経済が外貨流出に脆弱《ぜいじゃく》であるという証拠でしょう。

図表2-16　1年以内の外貨建債務の推移

出所：国際決済銀行

マジックナンバーは「500億ドル」

さて、韓国という国は、1997年のアジア通貨危機、2008年のリーマン・ショック、そして2020年のコロナ危機と、3回にわたって資金流出の危機にさらされたのですが、とくにリーマン・ショックに関しては、韓国が500～600億ドルの外貨流出にさらされたというのがとても興味深い点です。というのも、この「500億ドル」は、その後、韓国の通貨当局などからもしばしば出てくる数値だからです。

このうち、とくにリーマン・ショックの際の動きを「実はこうだったのではないか」と著者なりに想像すると、次のとおりです。

◎08年3月頃の韓国では、企業や銀行が米国などの外国の金融機関から短期資金を1400億ドル前後借りていた。
◎リーマン・ショック前後の金融危機により、外国金融機関はリスク許容度が低下し、韓国の企業・銀行に対する短期融資のロール（更新）を拒絶した。
◎韓国の企業・銀行は外貨建て債務を返済するために、自国通貨のウォンを売って500億ドル以上の外貨を買わざるを得なくなった。
◎ウォン売り・ドル買いの流れから一時的に外為市場が不安定となり、韓国の通貨当局である韓国銀行は自国通貨下落を防ぐために、500億ドル規模の為替介入（外国通貨売り・自国通貨買い介入）を実施した。

ただ、アジア通貨危機の際も、リーマン・ショックの際も、さらにはコロナ禍の際にも、韓国は結局、国家破綻しませんでした。それどころか、とくにリーマン・ショック時には、通貨・ウォンが急落したことを奇貨として、1ドル＝1100～1200ウォンという狭いレンジで動く相場がほぼ確立し、09年以降の韓国経済は心地よい為替レートのもとで、輸出主導で強く復活したと見られます。そして、おりしも日本が09年9月以降、民主党政権に突入し、円高状態が放置されたことで、産業面での「ライバル」である日本企業に対して韓国企業が競争優位に立ったという事情は見逃せません。その意味で、現在の「半導体王国」としての韓国があるのは、「この時期のウォン安のおかげだった」という言い方をしても良いと思います。

ただし、その際に問題となるのは、「韓国経済はウォン安に進み過ぎても困る」という事情です。なぜなら、ウォン安が進みすぎると韓国企業にとっては外貨建債務のウォン建ての価値が上昇してしまうからであり、その意味では、韓国経済には「安心して為替介入をするためのバックストップ」が必要なのです。

そのヒントが、「通貨スワップ協定」です。ここで、国際金融協力の世界におけるスワップを著者なりに分類したものが、**図表2－17**です。

通貨スワップ協定とは、通貨当局同士が通貨を交換する協定のことであり、また、為替スワップとは、外国の通貨当局が自国の民間金融機関に対し、直接外貨を貸し付けてくれるという協定のことです。よく勘違いされているのですが、これら2つのスワップ、

図表2-17　スワップ協定あれこれ

スワップの種類		具体的な内容	具体例
通貨スワップ協定	二国間通貨スワップ協定	二国間の通貨当局が協定を結び、お互いに通貨を融通する取引	
	ローカル通貨同士の二国間通貨スワップ協定	交換する通貨がお互いの国の通貨であるような通貨スワップ協定	中韓通貨スワップ協定
	少なくとも片方がハード・カレンシーの二国間通貨スワップ協定	交換する通貨の少なくとも片方が国際的に通用するハード・カレンシーであるような通貨スワップ協定	日韓通貨スワップ協定
	多国間通貨スワップ協定	複数の国が参加する、多国間でおもにハード・カレンシーなどの通貨を融通し合うスワップの枠組み	チェンマイ・イニシアティブ・マルチ化協定（CMIM）
為替スワップ協定		通貨当局が相手国の通貨当局に自国通貨を担保として預け、自国の市中金融機関に対し、直接外貨を融資してもらうための協定	米韓為替スワップ協定

効果は同じではありません。

まず、「スワップ」と聞いて多くの人が真っ先に思いつくのが「通貨スワップ」ですが、厳密にはこれも1種類ではありません。大きく分けて、①2国間の通貨スワップ（ローカル通貨建て）、②2国間の通貨スワップ（少なくとも片方がハード・カレンシー建て）、③多国間の通貨スワップ、などの区別があります。また、通貨スワップ以外にも④為替スワップがあります。

そして、これらのうち特に②については、通貨ポジションが脆弱な国（たとえば韓国）が、通貨ポジションが強い国（たとえば日本）から自国通貨を担保に外貨を貸し付けてもらえるという、非常に強い金融協力です。

韓国はアジア通貨危機以降、日本から巨額のスワップ支援を受けており、たとえば01年には「チェンマイ・イニシアティブ」に基づき、上限20億ドルの米ドル建て通貨スワップを締結。それとは別に円建ての通貨スワップ（上限30億ドル相当）も創設され、06年までに通貨スワップの総額は130億ドルに達していました。

そして、リーマン・ショック前後の08年12月には、日本は韓国との通貨スワップの規模を300億ドル（内訳は円が200億ドル、ドルが100億ドル）にまで拡充しています（ちなみに同年、韓国は米国から300億ドル、中国からも1800億元のスワップの供与を受けています）。

さらには、日本の野田佳彦首相（当時）は欧州債務危機が深刻化していた11年10月、韓国に対する通貨スワップを総額700億ドル相当にまで拡大すると決定しましたが、こうしたバックアップもあって、韓国は欧州債務危機を難なく乗り越えているのです（ちなみに日本の半導体産業を象徴するエルピーダメモリが経営破綻したのは、その翌年の2月27日のことです）。日韓通貨スワップのおかげで韓国が安心してウォン安を放置することができたという仮説に照らすなら、言い方は悪いのですが、日韓通貨スワップこそ、日本の半導体産業を潰す遠因のひとつだったのです。

日韓通貨スワップ復活は、ない

ただし、2001年に始まった日韓間の通貨スワップについては、15年2月までにすべて終了しています（図表2－18）。

もっとも、日韓通貨スワップは、ローカル・カレンシーである韓国ウォンを、世界の基軸通貨である米ドルや、米ドルほどではないにせよ全世界で広く取引されている日本円と交換可能であるという意味で、韓国にとっては非常に貴重なスワップであったことも間違いありません。

そのためでしょうか、韓国側は16年8月の日韓財相対話で、日本側に対して日韓通貨スワップの再開を要請。これにより、日韓両国は日韓通貨スワップ再開に向けた協議を開始します。これを受けて韓国側では「日韓通貨スワップの再開が決定した」「新たなスワップの規模は500億ドルとなる」といった観測報道（あるいは誤報）も乱れ飛びましたが、これなど、韓国側で日韓通貨スワップに対しいかに期待が強かったかという証拠

図表2-18　日韓通貨スワップの推移

時点	その時点の上限額	スワップの内訳
2001年7月4日：CMIに基づきドル建ての日韓通貨スワップ開始	20億ドル	20億ドルの全額がドル建て
2005年5月27日：円建て通貨スワップ開始	50億ドル	（円）30億＋（ドル）20億
2006年2月24日：CMIスワップの増額	130億ドル	（円）30億＋（ドル）100億
2008年12月12日：リーマン・ショック後のスワップ増額	300億ドル	（円）200億＋（ドル）100億
2010年4月30日：リーマン増額措置終了	130億ドル	（円）30億＋（ドル）100億
2011年10月19日：「野田佳彦スワップ」開始	700億ドル	（円）300億＋（ドル）400億
2012年10月31日：「野田佳彦スワップ」終了	130億ドル	（円）30億＋（ドル）100億
2013年7月3日：円建て通貨スワップ終了	100億ドル	円建てスワップが失効したので、ドル建てのみが残る
2015年2月16日：CMIスワップが失効	0億ドル	ドル建てスワップについても失効

（出所）日銀、財務省、国立国会図書館アーカイブ等を参考に著者作成。なお、日銀、財務省が一部過去データを抹消しており、国立国会図書館アーカイブも不完全であるため、誤っている可能性もある

でもあるでしょう。

ただ、この日韓通貨スワップについては17年1月に入って日本政府側がこの交渉を打ち切り、現在に至るまで再開されていません。ここに至るまでの経緯については、08年（リーマン・ショックがあった年）に日韓通貨スワップの規模が300億ドルに拡充された際の総理でもある麻生太郎財務相が20年3月、参議院の財政金融委員会で述べた内容がわかりやすいでしょう。これを著者が要約すると、次の

とおりです（ただし、答弁のなかで事実誤認があるのですが、引用に際しては修正しています）。

――2012年に第2次安倍政権が発足した時点で日韓通貨スワップは財務省のドル建てスワップが100億ドル、日銀の円建てスワップが30億ドル残っていた。これらが徐々になくなり、最後の100億ドルとなった際、韓国政府の企画財政部長にスワップの必要性を尋ねたところ、「そっちが借りてくれと言えば借りてやらないこともない」などとぬかした。16年に韓国から再開を持ち掛けられた際も、「もとはそっち（韓国側）が断った話だ、しかるべき仁義を通してもらおう」と思っていたところ、いきなり例の銅像ができちゃった。

「例の銅像」とは16年12月に釜山の日本総領事館前の道路上に設置された、俗にいう「慰安婦像」のことです。この麻生氏の発言にあるとおり、日本政府が日韓通貨スワップの再開協議を打ち切った理由は、これまでの「そちらが借りてくれと言うなら借りてやらないこともない」といった無礼な態度に加え、いわゆる「慰安婦像」が釜山の領事館前にまで建てられたことで、日本政府の堪忍袋の緒が切れたことにあるのでしょう（ちなみに外国公館を公然と侮辱するような行為は、外交に関するウィーン条約第22条第2項などに違反しています）。

では、日韓通貨スワップについては、将来的に再開される可能性はあるのでしょうか？

その問いに対する著者の回答は、2つあります。

1つ目は、「自然に考えて、日韓通貨スワップが再開される可能性はない」です。韓国が日本に対し、度重なる無礼な態度をとっているだけでなく（後述する自称元徴用工判決問題を含めて）、国際法違反や約束破りなどを繰り返していることを踏まえれば、日本政府が好きこのんで韓国を一方的に支援するだけの協定を提供する謂《いわ》れはありません。

そして、2つ目の回答は次のとおりです。

「万が一、将来において日韓通貨スワップの再開が検討されるようなことがあるなら、日本の有権者の1人として、これに敢然と反対する」

著者は後述するとおり、日本がこれ以上、国家としての原理原則を譲るようなことがあってはならないと考えています。その意味で、穿《うが》った言い方をすれば、この慰安婦像こそ、一方的に韓国を支援するだけの「日韓通貨スワップ協定」の再開を阻《はば》んでくれた「邪心像」のようなものと言えるかもしれません。

米韓スワップでは韓国銀行が直接ドルを入手できない

ただし、日韓通貨スワップの再開が当面はあり得ないという根拠は、ほかにもあります。それが、米韓為替スワップと中韓通貨スワップです。

米国の事実上の中央銀行である連邦準備制度理事会（ＦＲＢ）が２０２０年３月19日、コロナ禍を受け、世界の９カ国の外国中央銀行・通貨当局（ＦＩＭＡ）との間で、「相手国の市中の金融機関に対して米ドルの流動性供給（短期融資）を実施することができる」とする協定を結びました。この９つのＦＩＭＡのひとつが韓国銀行であり、とりあえず９月までの半年間限定で、韓国国内の金融機関は米ＦＲＢから直接、最大６００億ドル・最長３カ月の流動性供給が受けられることとなりました（期間はのちに21年３月まで延長され、さらには９月まで再延長されています）。

ただし、この米韓「為替スワップ」は、韓国国内で米韓「通貨スワップ」などと誤認されているようですが、これはあくまでも「為替スワップ」です。「通貨スワップ」と異なり、中央銀行が直接、外貨を手にすることはできませんし、「中央銀行がスワップで引き出した外貨を使って通貨防衛をする」といった使用法は想定されていない点には注意が必要でしょう。

その一方、中国の中央銀行である中国人民銀行は20年10月22日、韓国銀行との間で期間5年、金額上限4000億元の人民元建て通貨スワップを締結したと発表しました（韓国ウォンの交換上限は70兆ウォン）。スワップ締結日時点の為替相場に当てはめると、ちょうど600億ドルほどです。

この中韓通貨スワップは、もともと09年に1800億元でスタートし、その後3600億元に増額されたものの、17年には米軍の終末高高度ミサイル防衛システム（THAAD）が韓国へ配備されることに激しく反発した中国が、結局、このスワップの延長を発表しないことがありました。

そのような経緯があったため、著者を含めた一部のコリア・ウォッチャーは当時、「中韓通貨スワップは本当に実在するかどうか疑問である」とさえ考えていたのですが、20年の延長措置は中韓両国から発表があったため、とりあえずその疑問は解消しました。

しかし、米韓為替スワップと異なり、中韓通貨スワップが「いざというときに韓国にとって役に立つのか」という疑念は払拭できません。なぜなら、人民元は国際的な金融取引・資本取引などにおける地位が非常に低いからです。

人民元は近年、貿易取引や小口の決済などで通用度は上昇していますが、国際的なハード・カレンシーとして使われるようになるためには、中国が資本規制を解除し、資本市場を国際社会に対して自由化することが必要でしょう。しかし、「次の金融危機」までにそれが完了するかはよくわかりませんし、もしかしたら人民元の国際化は間に合わず、そのとき韓国ウォンは人民元もろとも吹き飛ぶかもしれません。

余談ですが、著者の調査によれば、本書執筆時点において中国が外国の通貨当局と結んでいる通貨スワップ協定は、少なくとも16本、金額にして3兆元（約47兆5000億円）近くに達しています。しかし、今回の中韓通貨スワップの規模は、香港（4000億元／4700億香港ドル）と並んで人民元建て通貨スワップとしては最大規模ですし、英国、欧州中央銀行との通貨スワップ協定（それぞれ3500億元）を上回っています。

また、それらとは別に、日中両国は18年10月に、日本円・人民元の為替スワップ協定を締結しているのですが、その金額は2000億元／3・4兆円であり、今回の中韓通貨スワップの規模は日中為替スワップの規模の倍額でもあります。果たして韓国は今後、米ドル通貨圏を離れて人民元通貨圏に組み込まれるつもりなのでしょうか。

いずれにせよ、米中が韓国とほぼ同額のスワップを締結したことで、米中の勢力争いが韓国に対する金融支援という分野にまで及んでいると評価できるかもしれません。なにより、「米中双方と600億ドル規模の巨額の通貨スワップを結んだ」という自負心（あるいは勘違い）が韓国側にあるようですので、日韓通貨スワップの出番はないと断言して良いでしょう。

第三章

日本の国益を毀損し続ける韓国

価値共有を信じて構築した日韓関係

約束を破る国と付き合えるか

そもそも、なぜ日本は韓国と仲良くしなければならないのか、もしくは、韓国と仲良くすれば日本にはどのようなメリットがあるのか――私たちは、最低限それだけは理解しておく必要があります。

そのためには、韓国が「日本と基本的価値を共有する国なのかどうか」を見定めなければなりません。

「法の支配」は、日本の伝統文化である「ウソをつかないこと」「約束を守ること」とも親和性があります。よく一部の学者が「法の支配という概念は西洋からもたらされた」などと主張していますが、著者はその見解に同意しません。「法の支配」は日本古来の文化とよく調和するからこそ、日本に定着しているのです。

また、外交について議論していると、ときどき、「相手国が約束を守らないなら、守ってもらうようにお願いするしかない」といった主張を見聞きすることがありますが、これは正しいのでしょうか。

結論から言えば、この主張には無理があります。基本的に、外交の世界では「命令やアドバイスによって相手を変える」ことは難しいからです。それは、以下のように人間関係に置き換えるとよくわかると思います。

人付き合いが得意なAさんと、苦手なBさんがいたとします。AさんはBさんを「どうも不器用な人だな」と思うかもしれないし、もしかすると「君はなんて人付き合いがヘタくそなんだ」と指摘したり、ノウハウをあれこれアドバイスし始めたりするかもしれません。では果たして、そのおかげでBさんはうまく人間関係を築けるようになるでしょうか？　おそらく答えは「NO」でしょう。いや、それどころかBさんは「余計なお世話だ」と反発するかもしれません。そうなれば、Aさんの態度は逆効果だったということになります。

国と国の関係もこれとまったく同じで、ある国が日本との約束を守らなかったとして、日本が相手国に「約束を守ろう」と呼びかけたとしても、相手国が「約束を守ることの重要性」を認識していなければ、意味がありません。

だからこそ、外交では「相手が自分の都合に合わせて変わってくれる」ことを期待してはなりません。そうではなく、「約束を守ればそれなりの果実が得られるが、破った場合には国際的な法に基づいて罰せられる」というルールを厳格に適用して、相手に約束を守らせるしかないのです。

また、仮に「地理的に近い」、「資源国である」など、日本にとってお付き合いするメリットがあるにせよ、相手が日本と基本的価値を共有せず、たとえば平気で約束を反故にするような国なのだとしたら、そのような国との付き合いは最小限にとどめるのもひとつの賢明な方法です。

そして、「自分と同じような考え方の人が増えればなにかと楽になる」というのは、国同士の関係でもまったく同じことが言えます。したがって、著者に言わせれば、地理的に近い（しかし基本的価値をまったく共有していない）国との関係を深めるよりも、地理的には多少離れていても、日本と同じような基本的価値を大切にしている国との付き合いを増やすほうが、むしろ中・長期的な国益にかなうのではないでしょうか。

基本的価値の共有とは？

さて、「日本が韓国と仲良くお付き合いすべきか」については、さまざまな議論がこんがらがっていることもまた事実でしょう。というのも、時代ごとに分けていくと、日韓友好論の考え方が少しずつ微妙に変化しているからです。

たとえば、日本と韓国が戦後、国交を正常化したのは、1965年に日韓基本条約と日韓請求権協定が制定されて以降の話です。著者自身、当時の日本社会の空気を知る立場にはありません。しかし、日韓国交正常化当時の韓国は軍事独裁国家であり、「日本と基本的価値を共有する国」ではありませんでした。想像するに、そんな韓国との国交正常化の狙いには、おそらくは東西冷戦のなかで、ソ連や中国、北朝鮮などの脅威からの防波堤という意味合いがあったのでしょうし、米国からの圧力もあったでしょう。

また、当時の韓国が軍事独裁国家ではあったにせよ、それでも韓国社会にはまだ大日本帝国統治時代に教育を受けた人々が現役で活躍をしていましたし、おそらく日本社会にも「学校で韓国人と同級生だった」「韓国には個人的な友人がいる」など、韓国に対して文化的に親近感を抱く人が多かったのではないでしょうか。

当時の外交交渉に関して調べていくと、韓国側が国交正常化交渉にあたり、折に触れて「歴史問題」を持ち出していたことは確かです。これに対して日本社会では「韓国が『謝れ』と言っているならばさっさと謝って、歴史問題にケリをつけて、韓国との連携を進めるべきだ」といった空気や、「韓国が経済発展すれば、国際社会で日本とともに歩んでくれる」という期待もあったのかもしれません。

日韓国交正常化当時こそ韓国は独裁国家でしたが、その後民主化され、88年には初の民選大統領が出現し、その後、現在に至るまで7代にわたって民主的な選挙が実施され続けています。また、韓国社会では一見、言論の自由も保証されているようであり、実際、（私たち日本人の目から見れば、ときとして激しすぎる）デモ活動も行われています（とは言え、親日的な主張をすると社会的に厳しい批判を浴びるようですので、完全な意味での「言論の自由」と言えるのかは微妙ですが）。

さらに、現在の韓国は自由・民主主義国として、米国や日本を含めた西側諸国からは「友好国」として迎えられており、米国や欧州連合（EU）などとも自由貿易協定（FTA）を締結しています。

その結果、さまざまな紆余曲折はあったにせよ、韓国は現時点で、1人あたり国内総生産（GDP）で日本とほぼ肩を並べる水準にまで成長しました（図表3-1）。つまり、韓国社会は、見た目は「ほぼ完全な自由・民主主義国」になったわけであり、かつ、数字のうえでは立派な先進国です。そして、韓国が自由・民主主義国として、事実上、先

図表3-1　日韓１人あたりGDP比較

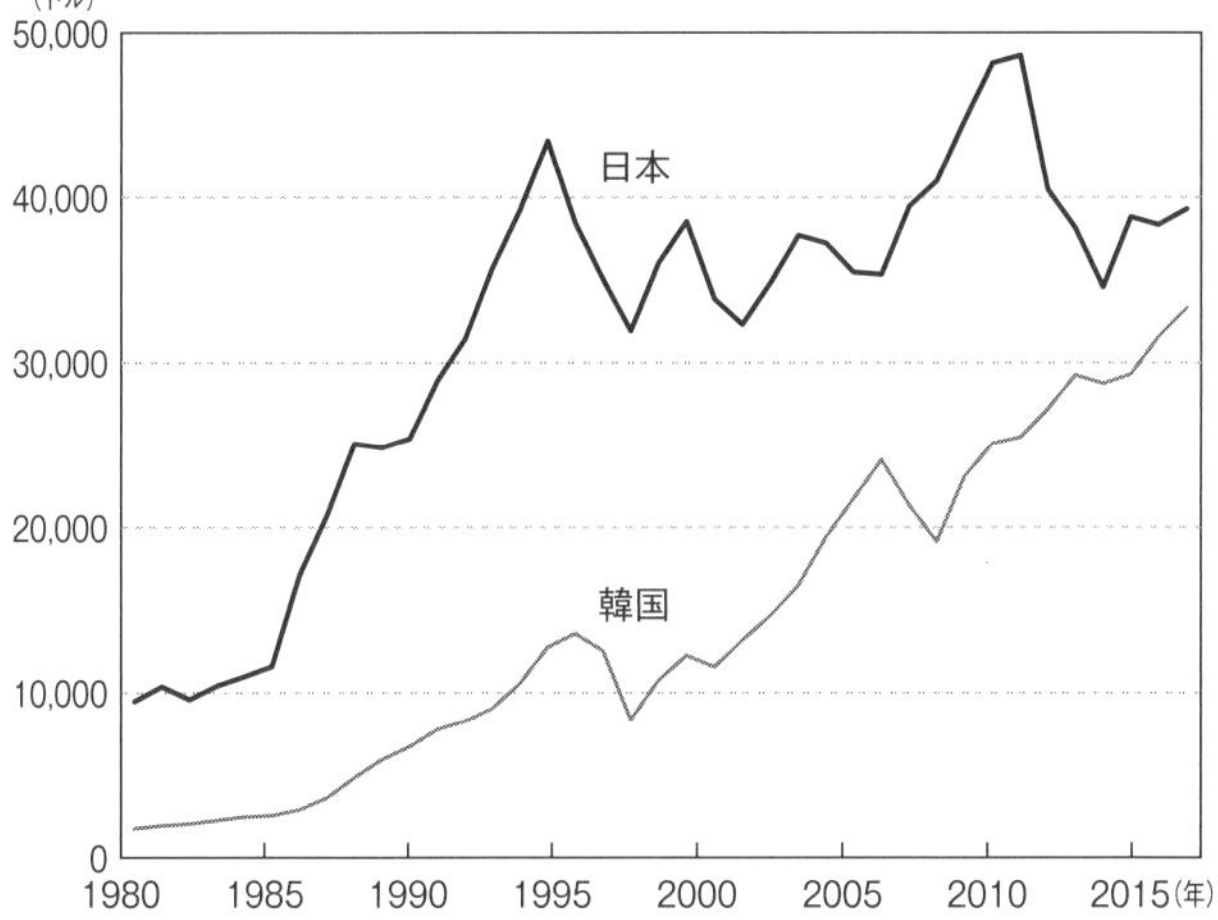

出所：国際通貨基金 "IMF World Economic Outlook database" より著者作成

進国の仲間入りしたことは、本来であれば日本にとっても歓迎すべき現象であるはずです。日本にとっては同じ自由・民主主義国の仲間が１カ国でも多く増えることが、本来ならば国益にかなうはずだからです。

これを韓国の側から見れば、「自由・民主主義国」として、米国の同盟国、日本の友好国としての極めて大きな恩恵を大きく受けたわけですから、その恩返しとして、韓国自身が「自由・民主主義を受け入れればこんなに豊かになるよ」というモデルケースをほかのアジア諸国などに見せることで、その仲間を１カ国でも増やすくらいのことはしても良いはずです。また、韓国の経済発展において極めて重要な役割を果たしてきたのが自由・民主主義国家の先輩である米国と日本ですから、米国や日本が非民主主義国と対立する際、韓国が同じ「仲間」として日米の立場を支持することは、当然に期待されている話でしょう。

韓国は常に日米の期待を裏切ってきた

ただ、「相手国は我が国と基本的価値を共有している」という前提が間違っていたら、いったいどうなるでしょうか。そもそも韓国は、同じ自由・民主主義国として、国際社会における日本（や米国）の行動を支持してくれているのでしょうか。

とくに核・ミサイルなどの大量破壊兵器を開発していると見られる北朝鮮は今、国際社会の平和と安全に大きな脅威をもたらしていますが、そのＣＶＩＤないしＦＦＶＤ（※）方式による非核化を、韓国は全面的に支持してくれているのでしょうか？（※ＣＶＩＤ＝完全な、検証可能な、かつ不可逆的な廃棄　Complete, Verifiable and Irreversible Dismantlement　ＦＦＶＤ＝最終的な、完全な、かつ検証可能な非核化　Final, Fully Verified Denuclearization）。

また、中国はことあるごとに増長し、軍事的に世界を侵略する野心を隠さなくなっていますが、日米両国が中国と対立する局面において、そのような中国をたしなめる行動を韓国はとっているのでしょうか。そして、日米が提唱する「自由で開かれたインド太平洋（ＦＯＩＰ）」を支持してくれているのでしょうか。

日韓関係を議論するうえで、「日本と韓国が基本的価値を共有している」という認識自体、かなりの誤りが含まれていると、著者は考えています。自称元徴用工判決問題を含め、さまざまな懸案に対する韓国政府の不誠実な対応を見るにつけ、基本的価値のなかで両国間にある最も大きな溝は「法の支配」（あるいは「法治主義」）に関しての認識にあります。加えて、自由民主主義国家である日本に対してはやたら高圧的な態度をとるくせに、独裁国家である中国や北朝鮮に対してはけっして断固たる立場を打ち出さないという点については、読者諸兄もよくご存じだと思います。

非常に残念なことですが、韓国は北朝鮮のＣＶＩＤないしＦＦＶＤ方式での非核化を公然と支持していません。それどころか、現在の韓国の政権は、ことあるごとに、国際社会に対して北朝鮮への国連経済制裁の緩和または解除を求めているほどです。

また、ＦＯＩＰについて、韓国政府は「支持する」とも「支持しない」とも述べておらず、徹底的にあいまいな態度をとり続けています。韓国は自由・民主主義国としての恩恵を受けていて、かつ、同盟国の米国に守られているにも関わらず、です。

「韓国は友好国」という幻想

さらに、韓国の日本に対する態度にはまだまだ非常に大きな問題があります。それは、「歴史問題」を政治、経済に絡めてくることです。と言うよりも、韓国を論じる際に、歴史問題（正確に言えば、「韓国が歴史問題を政治問題化している」という事実）を避けて通ることはできないのです。

本書では、韓国が主張する「歴史問題」とやらの正当性や不当性について、あえて論じるつもりはありません。ここで重要なのは、彼らが「日本は日帝36年（※）の植民地支配の不当性を認め、韓国が『もう良い』と言うまで、心からの謝罪と賠償をせよ」などと主張しているという事実であり、彼らがそう主張することで、日本や米国の国益がいかに損なわれているかという点です（※「日帝36年」とはあくまでも彼らの主張であり、日韓併合の１９１０年から起算して、韓国が「解放」された１９４５年までの正確な年数は、36年ではなく35年です。ご注意ください）。

いちおう、誤解を招かぬように申し添えておきますが、その国がどんな歴史を国民に教え込むかは、本来、その国の自由です。極端な話、荒唐無稽なストーリーを捏造して国民に教え込むのも自由です。しかし、だからと言って、そのようにして教え込まれた歴史をもとに、誤った行動をとることは、とうてい正当化されるものではありません。

著者がウェブ評論サイト『新宿会計士の政治経済評論』を通じて、これまでさんざん論述してきたとおり、韓国は日本に対し、さまざまな不法行為を働いてきました。どのような不法行為を働いてきたかについては、第一章の図表1－1（33ページ）でリストアップしたとおりですが、正直、キリがありませんし、韓国が自国のプライド（？）を満たす以外に、これらの行為に何か効果があったのかは疑問です。

そして、日本は韓国が経済大国に成長するのを助けたのは間違いないでしょうが、それは日本の国益に役立たなかっただけでなく、国際社会においてことあるごとに貶められるという意味で、むしろ日本にとっては大きなマイナスとなってしまったことは、実に皮肉な話です。

自称元徴用工問題を再び考える

これらの不法行為のなかには、単に「多くの日本人にとって不快である」というだけに留まらない内容が多く含まれています。その典型例こそ、第一章32ページでも取り上げた「自称元徴用工問題」です。ここでは改めて、異なる側面から同問題を考察します。

すでに述べたとおり、自称元徴用工判決を含め、日韓間の過去のすべての問題は1965年の日韓請求権協定で完全かつ最終的に決着がついています。にもかかわらず、もし日本が同判決を認めれば、「過去の問題は法的に解決していない」と認めてしまうようなものであり、それは、日韓関係を完全に破壊するだけのインパクトをもたらします。なぜなら、「植民地支配の不当性」そのものを認めた同判決を受け入れることで、韓国から今後無数の訴訟を乱発され、日本企業が無限に損害賠償を負いかねないからです。

日本にとっては絶対に受け入れられないものですが、それだけではありません。日韓請求権協定で国際法的には決着している問題を一方的に覆したという意味で、同判決は日韓の法的基盤を毀損するだけでなく、GDPで世界10位圏に入ろうかという経済大国である韓国が実は「自由・民主主義国家として絶対に守らねばならない国際秩序に挑戦する国」であることを国際社会に示したとも言えます。

これに対し、脅しが怖いためか、韓国は中国に対しても北朝鮮に対しても、本当に何も主張しません。たとえばFOIPに関してはわざと曖昧な態度をとり続けています。

韓国の同盟国であるはずの米国、さらに間接的な同盟関係にある日本に対し、不誠実極まりない態度です。さらに、日本にとっては死活的に重要な課題である北朝鮮による日本人拉致事件の解決、北朝鮮の非核化などを巡っても、韓国は非協力的な態度を貫いており、これも非常に残念と言わざるを得ません。

すなわち、韓国は自国に対してまったく脅威をもたらさないはずの日本に対し、次々と理不尽で不毛な争いを仕掛ける一方で、自国に対して深刻な脅威をもたらしているはずの北朝鮮や中国に対しては、本当に不思議なほどに従順なのです。これは、不可解を通り越して無責任ですらあります。

現在の韓国は、非常に残念なことに、日本にとっては国益（安全保障、経済的利益）に資する国ではありません。そのような国に対し、なぜ虎の子の貴重な技術を教えてやらなければならないのでしょうか。なぜ、日本が日韓通貨スワップなどの便宜を供与して韓国を金融危機から救ってやらねばならないというのでしょうか。

そろそろ幻想から脱却を

さて、本書を手に取ってくださった方であれば、韓国がなかば常軌を逸した反日行動の数々を日本に対し仕掛けてきているという点について、ご存じないという方はいないでしょう。それはそれで、確かに腹は立ちます。ただ、勘違いしないでいただきたいのですが、著者が主張したいのは、「韓国は反日でムカつくから断交せよ」ということではありません。「韓国とお付き合いすることが、長い目で見て日本の国益に資するのかどうかを見極めるべきだ」という話です。

身もふたもない言い方ですが、もしも韓国とお付き合いすることが日本の国益に役立つならば、「日本はプライドも何もかもかなぐり捨て、韓国に土下座してでも日韓関係を継続すべし」「韓国が『もう良い』と言うまで日本は韓国に謝罪し続けるべし」などの考え方も成り立たないわけではありません。

しかし現実には、韓国とのお付き合いは日本の国益に資するどころか、その逆であるというケースが散見されます。つまり、韓国は単に「日本にとって不快な行動をとる国」というだけでなく「日本の平和と安全を阻害する行動をとる国」でもあります。

たとえば、韓国は日本と同様に米国の同盟国という地位にありますが、「自由で開かれたインド太平洋構想（ＦＯＩＰ）」に頑なにコミットしようとせず、また、軍事同盟の関係にないはずの中国に対し、良い顔をしようとしています。また、38度線を挟んで向かい合う、核兵器などの大量破壊兵器を開発している北朝鮮に対しても、それを牽制しないばかりか、むしろ国連安保理制裁の解除を主要国に呼びかけるなど、自由・民主主義国に属しているわりには、あまりにも無責任なのです。

そこで著者が個人的に懸念しているのが、第一章でも紹介した、日本社会に存在する「朝鮮半島生命線説」のような主張です。

これは、「①地理的に近い朝鮮半島が日本の敵対勢力に入れば、日本の安全保障に深刻な脅威をもたらす」「②だからこそ、日本はあらゆるコストを払ってでも、朝鮮半島を日本の友好国に引きとどめておかなければならない」という考え方です。

このうち①についてはそのとおりでしょう。日本の領土と朝鮮半島は、いちばん近いところで50㎞ほどしか離れていません。釜山は対馬から目と鼻の先です。そんな場所が日本の敵対国となったり、核武装したりすれば、日本の安全保障はまったく異次元の脅威にさらされるはずです。

ですが、だからといって自動的に②が成立するとの考え方に、著者としては賛同しません。なぜなら、諸外国のケースでも、敵対国と国境を接していながら、うまく状況をリスク管理している事例など、いくらでもあるからです。と言うよりも、「相手国を変えること」が非常に困難であるという点は上述したとおりですし、「自分の努力で相手国を変えることができる」と考えるのは思い上がりですらあります。

日本にとっては韓国が敵対国とならず、ともに手を取り合い未来に向けて発展していける関係を結ぶのが最善の選択肢であることは間違いありませんが、それ以上に重要なのは、「相手国がもし敵対的だった場合には、それに対応した行動をとること」ではないでしょうか。

在韓日本人・Aさんの告白

在韓日本人という立場

本書の著者「新宿会計士」は、『新宿会計士の政治経済評論』というウェブ評論サイトを運営しています。同サイトでは読者投稿を歓迎しており、ときどき、「その分野」の専門家という方々から、なかなか興味深い投稿をいただくことがあるのですが、こうした投稿をしてくださる方のひとりが、「韓国在住日本人」というペンネームの読者の方でした（本書では「Aさん」と呼称します）。ご本人のプロフィールによると、Aさんは約11年間韓国で暮らし、メーカーで技術者として勤務していましたが、昨今のコロナ禍の影響もあり、2020年6月末で退職し、8月に愛猫とともに帰国されたそうです。

そのAさんは、初回から帰国直後まで、実に30本近い読者投稿を寄せてくださいましたが、これらについてはいまでも『新宿会計士の政治経済評論』の『過去の読者投稿一覧』から読むことができます。そのAさんが執筆した記事の魅力は、なんといっても単なる「親韓・嫌韓」の二元対立ではなく、「現地に生活する日本人技術者」としてのリアルな視線にあります。その視線は時として温かく、韓国に対する愛着も感じられる一方、時として容赦ないものであり、まさに「ごく普通の日本人」が肌感覚として韓国を理解するためには、大変に得がたい分析ではないかと思います。

こうした一連の読者投稿のなかで、本書では著者がとくに印象に残っているものについて、そのごく一部を紹介したいと思います。具体的には、Aさんが退職直前の6月に寄稿してくださった「韓国さん、お達者で！」と題した記事です。社会、伝統文化、産業、外交など、多岐にわたる論考であり、まさにAさんの韓国滞在期間の「集大成」のようなものですが、そのなかでもとくに「産業」と題した部分が、本書との関わりでも非常に重要なのです。

そこで、以下ではAさんの論考から、ポイントを読んでいきましょう。なお、引用（太字）に際しては、大意を変えない範囲で文章を適宜修正しています。

韓国の産業の成果と歪み

Aさんは日韓両国の経済についてどう考えているのでしょうか。

「日本の場合は戦前からの産業的基盤と職人精神とが相まって、セットアップメーカーもいろいろな素材や基幹部品の分野に転向しています。またBtoCからBtoBへと会社の方向性を変えたメーカーもあります」

「日本の産業構造」は、本書が取り上げる重要なテーマのひとつです。そして、目に見える統計から言えば、確かに日本は産業構造の転換に非常に強いといえます。実際、元請け企業が中国などの海外に進出したことに伴い、下請け企業などもこれを追いかける形で海外に工場を建てる、といったケースがあったことは事実でしょう。

しかし、貿易統計などを眺めている限り、現在も日本の主力輸出品目は「機械類及び輸送用機器」や「化学製品」「原料別製品」などの中間素材や資本財（製品を作るための製品）です。つまり、世界の工場の地位を中国や韓国に明け渡したからといって、日本の産業が完全に没落することもなく、現在もキーデバイスを握り続けています。

これに対し、Aさんによれば、「産業の裾野」が日本と比べて非常に狭いのが韓国の特徴なのだそうです。

「韓国は日本を超える速さで経済成長してきました。しかし、それと同時にこの異常な速度での経済成長は韓国内に大きな歪みを生み出したと考えております。基礎的な部分の構築を怠り、模倣に精力を傾け、ただ売れる製品にのみ固執して成長したため、産業の裾野が日本に比べ狭いと感じられます」

正直、この文章については、表面的に見えるGDP統計や輸出品目、産業構造などに関するデータを追いかけているだけではなかなか検証できません。ただ、在韓日本人技術者の肌感覚で得られたであろう直感は、軽視すべきでもありません。

では、Aさんがそのように考える理由は何でしょうか。そして、韓国の産業の将来はどのような姿になるのでしょうか。これをまとめて示したのが、次の記述でしょう。

「昔の韓国は多数のセットアップメーカーが工場を韓国内に構えていましたが、現在は中国やベトナム等の東南アジアに移動しています。このような流れのなかでは、それに付随する部品メーカーも大挙して国外に飛び出していきます。小生が韓国にやって来た頃に比べると、廉価版や低価格の部品は主に韓国外で製造されることが多くなりました。これは、韓国内での製造業の衰退を意味します」

すなわち、日本の場合、産業の空洞化がある程度は発生したものの、さまざまな産業のキーデバイスをしっかり握ることで、製造業の衰退を防いでいます。しかし、韓国は国内産業の裾野が狭く、生産財・中間素材は日本に依存しているという特徴があります。

こうした状況に対し、Ａさんはこう追い打ちをかけます。

「今さら基礎を構築などできるはずがありません。人間にとって一度獲得したステージを降りることは非常に難しいからです。つまり、現在の地位や経済を損ねてまで、やり直すことは大変だということです」

もっとも、「一度獲得したステージを降りて基礎をやり直すのは難しい」という指摘は、べつに韓国に限った話ではないでしょうし、国であっても人間であっても同じです。ただ、「基礎ができていない」人や国には、「方向転換が難しい」「応用が利かない」という特徴があることは間違いないでしょう。Ａさんによると、韓国は産業の応用力がないので、新規事業に果敢に投資するよりも、すでに儲かっている既存産業にこだわるため、最終的にはコスト競争力で敗退する、という運命にあるのだそうです。

著者自身は韓国に在勤した経験がないため、このAさんの指摘が全面的に正しいのかどうかについては、必ずしも確証を得るには至っていません。その意味でも、この論考の検証は、どちらかというと現在進行形で行うべきものだと考えています。

韓国は新規開発が苦手

ただ、Aさんの主張が大筋では正しいのではないかという証拠はあります。それは、Aさん自身です。

Aさんによると、韓国では高学歴の人材であっても、自身がもつ情報や知識を仕事に生かそうと考える人は少なく、また、せっかく優秀な人材であっても不得意と思う分野には手を出さず、得意分野のみで物事を見るため、視野が非常に狭くなるのだとか。

そのうえで、Aさんは重要なことを指摘します。

「韓国人を観察していくと、彼らが最も不得手とするのは新規開発とプロセス構築であることに気が付きます。韓国人がそれらに対処するには外国から人材や技術を持ってくるしかありません。つまり、韓国の企業は模倣や人買いが得意なのではなく、そうしないと生き残れないのです。そのうえ、技術を模倣するにしても日本のように徹底的に行うことができません。ですから、韓国製品は『安かろう、悪かろう』となってしまうのです」

そのAさん自身が韓国に渡った人物ですので、説得力も十分です。しかも、おそらく「技術の模倣も日本ほど徹底的に行うことができない」という記述には、Aさんなりの実感もこめられているのでしょう。

こうしたAさんの指摘が正しいとしたら、韓国には産業としての基礎がないため、必然的に模倣せざるを得ず、すぐ近くにある産業大国・日本からカネを出して技術者を雇うことで、日本と同じような産業を自国に劣化コピーする以外に生き残る方法はないのです。私たち日本人は「韓国は日本の産業を模倣することで経済発展してきた」「だからこそ韓国の産業構造は日本と似ているのだ」という因果関係で物事を考えてしまいますが、Aさんの指摘を読む限り、それはある意味必然ではないか、という気がしてなりません。

ただし、勘違いしてはならないのは、これは「善悪の問題」ではないという点です。

たいていの国では経済発展する際、最初は先進国を模倣することから始まります。韓国が、最も近い先進国であり、かつての宗主国でもある日本を模倣対象に選ぶのは当然ですし、そのこと自体を批判すべきではないでしょう。

また、日本が半導体産業を韓国にそっくりそのまま与えたのは、日本企業の経営者や日本政府が無能だった証拠であり、韓国を「パクリ国家だ」などと批判するのは筋違いです。

東南アジアとの関係を損ねる韓国

それよりも私たちが注意しなければならないのは、韓国の産業関係者の狡猾さです。その点で個人的に非常に興味深いと思った視点は、外交を「経済的外交と政治的外交に分けよ」というAさんの指摘です。

「韓国政府や韓国企業は日本と良好な関係を構築していかないと、自国の産業が成り立たなくなります。韓国の経済界はそれをよく理解しており、できるだけ日本と良好な関係を築こうとしています。また、東南アジアに関しても、今後の経済的な展望を考えれば重要視しなければなりません」

このあたり、韓国の普段の常軌を逸した反日行動を見ていると気付かないのですが、Aさんを含めた多くの日本人技術者を韓国企業が雇っているという事実からして、韓国の経済界は日本を敵視せず、むしろ互いに良好な関係を築くことこそが大事だと考えているに違いありません。

ところが、ここで興味深いのは産業界と韓国政府、あるいは産業界と一般国民の認識のズレです。私たち日本人にとって、まっさきに目につくのは、韓国の（やや常軌を逸した）反日行動の数々ですが、Aさんは「韓国では東南アジアなどに対してさまざまな差別意識がある」と指摘します。韓国企業が東南アジアやインドで発生させてきた以下の事例が、その具体的な証拠です。

・パラオの橋の崩落（１９９６年／ＳＯＣＩＯ）
・インドネシアの溶鉱炉事故（２０１３年／ＰＯＳＣＯ）
・ベトナムの建設現場崩落事故（２０１５年／サムスン物産）
・ラオスのダム崩壊（２０１８年／ＳＫ建設）
・インドのガス漏れ事故（２０２０年／ＬＧ化学）

Aさんはこれらの事故について、次のように述べます。

「もし自国企業が外国で悲惨な事故を起こしたら、日本人の感覚からすれば恥ずかしい限りですが、韓国人にはどうしても差別感覚があるため、『後進国がゴチャゴチャ言うな』という意識が働きます」

Aさんが列挙している事故のうち、とくに著者の印象に残っているのが、18年に発生した、ラオスのダム崩落事故です。

現地時間7月23日午後8時頃、SK建設などのコンソーシアムが建設中だった「セピアン・セナムノイ第D号補助ダム」が崩壊し、甚大な被害が出ました。これについては非常に憤りを感じ、個人的に運営しているウェブ評論サイトでも何度も取り上げました。というのも、韓国企業の対応があまりにも不誠実だったからです。

韓国企業側は事故当初から、「ダムが崩壊したのは想定以上の雨量によるものであり、不可抗力だ」と、自社の責任を否定していました。これについてラオス政府は事故の原因を調査するために、国際的に著名な専門家を招いて独立専門家パネルを設置して検証を依頼。その結果、翌年5月27日には韓国企業側の主張が否定され、「ダムの基礎部分などの工事に問題があった」ことが事故原因であると結論づけています。

しかし、韓国メディア『中央日報』（日本語版）の5月29日付『「ラオス補助ダム崩壊、防げた」という発表に韓国建設会社「同意できない」』という記事によれば、SK建設側はこの独立委員会による報告書に対し、「科学的根拠が欠如した結果だ」「同意できない」などと反発。『朝鮮ビズ』が20年7月9日付で報じた『SK建設、ラオスのダム崩壊事故補償一千億ウォンで合意』という記事によれば、いちおう事故の補償はなされることになったものの、SK側は依然として調査報告書を「科学的、工学的根拠に欠けている」と決めつけているのだそうです。

韓国は日本に対し、「過去の歴史を反省しろ、謝罪しろ」と要求するときにはやたらと高圧的ですが、自分たちが加害者となったときには、ずいぶんと往生際が悪いようです。また、このような韓国企業の態度を見ていると、Aさんの「東南アジアに対する差別意識」という記述も、あながちピント外れではなさそうです。

そして、韓国の東南アジア諸国などに対する傲慢な態度は、私たち日本人の目にも明らかなほどですので、当事者たちがそれに気付かないはずはありません。Aさんはこれについて、次のように「予言」します。

「加工貿易で成り立っている韓国にとって、孤立化は最も避けなければならない事態ですが、いかんせん元来持つ性向のために無理だろうと予想します」

これこそがまさに、「韓国の将来」ということでしょう。

Aさんのホンネ

Aさんは論考の末尾で、次のように感情を吐露します。

「さて、韓国の将来について語ってきましたが、小生の本音としては、予想通りに進んで欲しくないという気持ちがあるのも偽らざる部分です。さすがに10年以上も暮らしていると、多かれ少なかれ愛情のようなものも存在します」

Aさんの心の内には、自身が暮らした韓国という国に対して愛憎半ばする感情がある証拠でしょう。

ただ、それと同時にAさんは、非常に「いやな予想」を2つほど行っています。

ひとつは、このままでは韓国が日米から見放され、最貧国に向けて没落しかねない。

そうなれば、日本に韓国の貧困層が不法移民として向かってくる、という可能性です。

「日本人から見て韓国は子供のような国です。いい加減にしないと日米から完全に見放され、北朝鮮ともども没落し最貧国に転落します。そのときに韓国の富裕層や大企業は外国に移住し、貧困層は国を脱出して不法移民になることを考えます」

この内容には誇張がなくもないですが、それでも韓国が日米両国からの莫大な支援をもとに経済大国となった経緯を踏まえるならば、「まったくあり得ないシナリオ」ではありません。だからこそ、生活に困窮した韓国人が「不法移民」として日本にやって来るという可能性を警戒している、というわけです。

ただ、Aさんの着眼点が秀逸なのは、単純な「韓国崩壊論」で終わらないところです。「韓国という国が終焉を迎える時期は予想がつきません。有史だけを見ても国がなくなりそうになると、何らかの力（運？）が働いて生き残ってきました。このしぶとさも韓国ならではかもしれません」

やはり、韓国（あるいは朝鮮半島国家）という国は、これまで半万年（？）の長きにわたって、中国の属国として、あるいは周辺国として、瀬戸際外交を繰り返しつつもしぶとく生き延びてきた国です。なんとなく、このAさんの後者の予言については、的中しそうな気がしないではありません。

そんなAさんの過去の論考については、ぜひ、多くの人々に読んでいただきたいと思っているので、『新宿会計士の政治経済評論』が存続する限りは掲載し続けようと考えている次第です。

さて、いよいよ次章では「ウソをついたり、約束を破ったりすることへのコスト」を負担させるために、「合法的に韓国に制裁を加える方法」をしっかり解説したいと思います。

第四章

韓国への「リアル制裁」

経済制裁の基本

経済制裁とはなにか？

「相手国に制裁を加える方法」には、一般的に軍事的な制裁と経済的な制裁があります。ただ、我が国の場合は韓国に対する軍事的な制裁を加えることができるかといえば、これは韓国が軍事的に侵略してこない限り不可能です。したがって、韓国に対して制裁を加えるなら、現状では必然的に「経済的な手段」に限られてしまいます。

経済活動には大きく「ヒト、モノ、カネ」に加え、最近では「情報」という要素があると言われています。そのため、我が国が相手国に対して経済制裁を加えようとする場合には、理論上は次の7つの制裁パターンが考えられます。

【7種類の経済制裁】

・我が国から相手国へ

①ヒトの流れの制限　②モノの流れの制限　③カネの流れの制限

・相手国から我が国へ
④ヒトの流れの制限　⑤モノの流れの制限　⑥カネの流れの制限
・包括的な措置として
⑦情報の流れの制限

もちろん、これらの経済制裁は、やり方によっては我が国自身にも打撃が生じます。しかし、日本は金融大国であり、世界最大級の債権国でもありますし、一時期より衰えたとはいえ、依然として「モノづくり大国」でもあります。戦略物資を選んで相手国への輸出制限措置を発動したり、相手国への資本移動・支払を制限したりすれば、それなりの打撃を相手国に与えることもできるように思えます。

ただし、ここで気を付けなければならないのは、この①～⑦の全パターンについて、経済制裁として発動することはできない、ということです。その典型例が①と⑦でしょう。

このうち①、つまり「日本から相手国へのヒトの流れの制限」については、基本的に日本政府が主体的に経済制裁措置として講じることは非常に困難です。なぜなら、我が国には日本国民に対して、特定国への渡航を「禁止する」という法律はないからであり、また、他国に対して情報を包括的に遮断するという法律は存在しないからです。

もちろん、昨今のコロナ禍のように、日本に帰国する際に2週間の隔離が必要になる」という措置を講じることで、「特定の相手国に渡航したら、特定の相手国に渡航しづらい状況を作ることは可能でしょう。ただし、このような措置を講じるためには合理的な理由が存在していなければならず、「経済制裁として」発動することは非常に難しいのです。

実際、日本政府は北朝鮮に対し、累次《るいじ》に及んでさまざまな経済制裁措置を講じてはいるのですが、それらのなかに、日本国民に対し北朝鮮への渡航を「禁止」するという措置は含まれていません。あくまでも「渡航を自粛するよう勧告」しているだけのことです。

また⑦、つまり「情報の流れの制限」(たとえばインターネット回線の遮断措置など)についても、基本的には困難です。外為法や不正競争防止法、改正種苗法《しゅびょうほう》などで、安全保障分野や産業分野、知的財産権などの侵害を防止する仕組みもあるのですが、「情報そのものを包括的に遮断する」ことは難しいと考えて良いでしょう。

いずれにせよ、日本は基本的に法治国家であるため、法律に書かれていない措置を内閣総理大臣が勝手に決めることはできません。このため、経済制裁として日本が外国に対して講じることができる措置は、事実上、②~⑥に限られます。

最も包括的な法律は外為法

さて、「経済制裁」を議論する際に、真っ先に出てくるのが、「外国為替及び外国貿易法」という法律です（以下、外為法）。

この外為法は、先ほど列挙した7つのパターンのうち、②我が国から相手国へのモノの流れの制限、③我が国から相手国へのカネの流れの制限、⑤相手国から我が国へのモノの流れの制限、⑥相手国から我が国へのカネの流れの制限　に関わっています。また、不完全であるとはいえ、いちおう、①我が国から相手国へのヒトの流れの制限、⑦情報の流れの制限　に関する条文も含まれています（図表4-1）。

もちろん、外為法が定める措置はこれらだけではありませんが、やはり主なものに限ってもこれらの措置が用意されているという点は重要でしょう。

ただし、これらの措置を発動できるケースは、限られています。たとえば、外為法第48条第3項の条文を読むと、輸出規制（我が国から相手国へのモノの流れの制限）を発動するためには、基本的には次の3つの条件のいずれかに該当していることが必要です。

図表4-1　外為法に定める貿易規制、送金規制、役務取引規制、資本取引規制等

経済制裁のパターン	経済制裁項目	外為法の具体的な条文
②わが国から相手国へのモノの流れの制限	輸出規制	輸出に関して承認を受ける義務を課すことができる（第48条第３項）
③わが国から相手国へのカネの流れの制限	送金規制	外国に対する支払等について許可を受ける義務を課すことができる（第16条第１項）
	資本取引規制	「資本取引」「特定資本取引」を行う際に許可を受ける義務を課すことができる（第21条第1項、第24条第1項）
	直接投資規制	対外直接投資の内容の変更・中止を勧告することができるほか、勧告に従わない場合には対外直接投資の内容の変更または中止を命じることも可能（第23条第４項）
⑤相手国からわが国へのモノの流れの制限	輸入規制	輸入について承認を受ける義務を課すことができる（第52条）
⑥相手国からわが国へのカネの流れの制限	直接投資規制	外国人投資家による対内直接投資に対し、株式持分などの処分を命じることができる（第29条第１項等）
その他（①、②、⑦に関する措置）	役務取引規制	「役務取引」（労務・便益の提供を目的とする取引）を行う場合に許可を受ける義務を課すことができる（第25条第６項）

（出所）外為法より著者作成

【経済制裁の発動条件】

（1）我が国が締結した条約その他の国際約束を誠実に履行するため

（2）国際平和のための国際的な努力に我が国として寄与するため

（3）外為法第10条第1項の閣議決定を実施するため

※なお、外為法第48条第3項には、上記3項目のほか、「国際収支の均衡の維持」や「外国貿易及び国民経済の健全な発展」も発動条件に含まれています。

そして、この「（1）～（3）のどれかの条件を満たした場合に発動可能」という条件は、先ほど列挙した条文のうち、次の条文にも規定されています。

・外国に対する支払等について許可を受ける義務を課すことができる（第16条第1項）
・「資本取引」「特定資本取引」を行う際に許可を受ける義務を課すことができる（第21条第1項、第24条第1項）
・輸入について承認を受ける義務を課すことができる（第52条）

また、条文の書き方が右記（1）～（3）とまったく同じではないにせよ、やはり似たような場合に発動可能な制裁措置が、次の2つです。

・対外直接投資の内容の変更・中止を勧告することができるほか、勧告に従わない場合には対外直接投資の内容の変更または中止を命じることも可能（第23条第4項）
・「役務取引」（労務・便益の提供を目的とする取引）を行う場合に許可を受ける義務を課す

ことができる（第26条第6項）

要するに、外為法の経済制裁措置（貿易規制、送金規制、役務取引規制、資本取引規制）は、上記（1）～（3）のような条件が整っている場合でなければ発動できない、ということでもあります。

国連、有志国連合、そして日本独自の制裁

では、「経済制裁の3つの発動条件」とは、具体的にどんな場合なのでしょうか。

まず（1）「我が国が締結した条約その他の国際約束を誠実に履行するため」と（2）「国際平和のための国際的な努力に我が国として寄与するため」については、具体的には次の2つであるとされています（一般社団法人安全保障貿易情報センターウェブサイト『経済制裁措置』の記述を参照）。

・国際連合安全保障理事会決議（国連安保理決議）があったとき
・有志国連合の協調による国際的な要請があったとき

これは、北朝鮮に対する国連安保理決議などがわかりやすいでしょうが、それだけではありません。実際に外務省や財務省のウェブサイトに掲載されている経済制裁の事例としては、たとえば、イランの核開発に伴う国連安保理決議に基づく制裁（２０１６年～）、ロシアによるクリミア半島併合に伴う有志国連合の協調に基づく制裁（14年～）、南スーダンにおける平和等を脅かす行為に関与した者に対する国連安保理決議に基づく制裁（15年～）など、いくつかあります。

ただし、右記２つの経済制裁には、ひとつの欠点があります。それは、基本的には外国や国際社会からの要請がなければ発動することができない点です。

そこで、北朝鮮による日本人拉致事件等の発生を受け、04年に議員立法を通じて、国際社会の要請がなくても、我が国が独自の措置として経済制裁を発動することができるようになりました。そのうちのひとつが「外為法第10条第1項」です。

【外為法第10条第1項】

我が国の平和及び安全の維持のため特に必要があるときは、閣議において、対応措置

（この項の規定による閣議決定に基づき主務大臣により行われる第16条第1項、第21条第1項、第23条第4項、第24条第1項、第25条第6項、第48条第3項及び第52条の規定による措置をいう）を講ずべきことを決定することができる。

要するに、国際社会の要請、たとえば国連安保理の経済制裁決議などがなくても「平和と安全の維持のためにとくに必要がある」と閣議決定すれば、相手国に対する経済制裁を発動することができるのです。

もっとも、この「第10条第1項」については、いちいち閣議決定をしなければならないうえに、もうひとつ制限があります。それは、この閣議決定に基づく措置を講じた日から20日以内に国会の承認が必要となる、という点です。

【外為法第10条第2項本文】

政府は、前項の閣議決定に基づき同項の対応措置を講じた場合には、当該対応措置を講じた日から二十日以内に国会に付議して、当該対応措置を講じたことについて国会の承認を求めなければならない。

そして、国会がこの措置を承認しなかった場合には、政府は速やかに経済制裁措置を終了させなければなりません（外為法第10条第3項）。つまり、実際に発動するには厳しい条件が課せられているのです。

外為法以外の制裁――入国制限

さて、外為法では主に「モノ」「カネ」の規制を取り扱っていることがわかりました。ただし、先ほど列挙した7つのパターンのうち、外為法に含まれていないものがいくつかあります。そのひとつが「④相手国から我が国へのヒトの流れの制限」です。具体的には、特定国からの入国ビザの発給を厳しくすることを通じて、相手国に対する経済的打撃を与える、という手段でしょう。

たとえば、日本は現在、68カ国・地域に対し「ビザ免除措置」を実施しており、その国・地域の人々は基本的には90日まで、ノービザで日本に入国し、滞在することが可能とされています（一部の国の滞在期間は15日や30日です）。外務省の『ビザ免除国・地域（短期滞在）』というページによると、その具体的な国・地域は**図表4－2**のとおりです（ただ

図表4-2 ビザ免除措置国・地域（68ヵ国・地域）

地域	該当国	滞在可能期間
アジア（9ヵ国）	インドネシア、シンガポール、タイ、マレーシア、ブルネイ、韓国、台湾、香港、マカオ	インドネシア、タイは15日、ブルネイは14日、それ以外は90日
北米（2ヵ国）	米国、カナダ	90日
中南米（12ヵ国）	アルゼンチン、チリ、メキシコなど	90日
大洋州（2ヵ国）	豪州、、ニュージーランド	90日
中東（3ヵ国）	ＵＡＥ、イスラエル、トルコ	ＵＡＥは30日、それ以外は90日
アフリカ（3ヵ国）	チュニジア、モーリシャス、レソト	90日
欧州（37ヵ国）	英国、ドイツ、フランス、イタリアなど	90日

（出所）外務省『ビザ免除国・地域（短期滞在）』を参考に著者作成

し、新型コロナウイルス感染症に対する水際対策のため、これらの国の多くは本書執筆時点において、ビザ免除措置が一時的に停止されています）。

これらの68カ国・地域の出身者は、基本的にはビザがなくても日本に入国が可能ですが、これらの国に対し、入国ビザを制限する（たとえば滞在可能日数を90日から15日に短縮する、年間の渡航回数に制限を設ける、など）の措置を講じれば、それは「④相手国から日本へのヒトの流れの制限」として機能します。

また、これら以外の外国人が日本に入国するには基本的にビザが必要です。日本政府がビザを発給しなければ、そもそも日本に入国することができません。さらに、日本が経済制裁を発動している北朝鮮の場合、同国籍保有者の入国は原則として禁止されており、これも入国制限措置が経済制裁として機能している証拠でしょう。

外為法以外の制裁——特定船舶入港禁止法

ところで、外為法に基づく経済制裁の部分で、「外為法第10条第1項の規定は、日本人拉致事件などの諸事情を踏まえ、2004年に議員立法で改正されたものだ」という話題を取り上げましたが、同じタイミングでもうひとつ、議員立法により制裁手段が成立しています。それが左に示した「特定船舶の入港の禁止に関する特別措置法（特定船舶入港禁止法）」です。この法律では、「我が国の平和と安全の維持のためにとくに必要がある」と認めた場合に、一定の期間を定めて、たとえば特定の外国籍を有する船舶や、特定の外国の港に寄港した船舶などの入港を禁止することができると定めています。

【特定船舶入港禁止法第3条第1項】

我が国の平和及び安全の維持のため特に必要があると認めるときは、閣議において、期間を定めて、特定船舶について、本邦の港への入港を禁止することを決定することができる。

実際に、本書執筆時点においても、北朝鮮籍の船舶だけでなく、北朝鮮に寄港したすべての船舶や、国連安保理決議などにより制裁対象となっている船舶についても、入港が禁止されています。

では、なぜこのような法律ができたのでしょうか。

ここで参考になるのが、参議院が発行する『立法と調査』（07年9月号）というレポートの52ページ目の記述です。

同書によると、この「特定船舶入港禁止法」には、北朝鮮に対する経済制裁という意味合いだけでなく、事故が発生したときの保険が確認できない船（いわゆる「サブスタンダード船」）の入港を制限する、という側面もあります。同書によると、北朝鮮の「サブスタンダード船」が発生させた具体的な事例としては、茨城県日立港で02年に発生した北朝鮮船籍の貨物船（チルソン号）の座礁事故があげられています。このときには船主が解体・撤去費用の支払に応じず、結局、国や地元自治体がそれらの費用の負担を余儀なくされました。このチルソン号事件に限らず、整備不良の船舶が日本の港湾に入ってくるだけで、事故があった際に地元自治体などに負担が生じるおそれがある、というわけです。

これに加え、脱北した元北朝鮮工作員の証言などから、1997年以降、北朝鮮が「万景峰92号」などの船舶を使って密輸や大量の現金持ち出し、日本で活動する北朝鮮工作員との相互連絡、北朝鮮工作船の支援といった活動を行っていたのではないかとする疑惑が浮上しました。確かに貨物船だと、通関手続さえ突破すれば、現金、贅沢品や軍事転用可能な物資などを効率良く北朝鮮に運ぶことができてしまいます。

このことから、この法律は、主に北朝鮮を念頭に置いたうえで、同国が運航する「サブスタンダード船」の事故に伴う損害を未然に防止するとともに、同国による工作活動、密輸などの犯罪を抑止するという意味合いがあると考えて良いでしょう。

ただし、この「特定船舶入港禁止法」も、条文の発動条件は「我が国の平和と安全の維持のため特に必要がある場合」に限られているため、基本的には「相手国が国際法を守らないから」というだけの理由でこれを発動するのは難しそうです。

外為法以外の制裁——渡航制限

先ほど、経済制裁のうち「①我が国から相手国へのヒトの流れの制限」については、それを包括的に禁止する法律がない、という点を指摘しましたが、これについても補足しておきましょう。

日本国民を特定国に渡航できなくしてしまう仕組みが、まったく存在しないわけではありません。「旅券法」という法律には、「パスポート（旅券）を返納するように命令することができる」とする条文が設けられているからです。

【旅券法第19条第1項】
外務大臣又は領事官は、次に掲げる場合において、旅券を返納させる必要があると認めるときは、旅券の名義人に対して、期限を付けて旅券の返納を命ずることができる。（以下略）

具体的には、パスポートの名義人が外国で罪を犯した場合や、ある国に入国できない場合に加え「名義人の生命、身体、財産の保護のために渡航を中止させる必要がある」場合や、「渡航先における日本国民の一般的な信用・利益を著しく侵害しているため、渡航を中止させて帰国させる必要がある」場合などがこれに該当します。

ただ、この条文を発動するのは非常に困難です。過去にあるフリージャーナリストが戦地に渡航する計画を立てていることを知った外務省が、この旅券法の規定を使って本人にパスポートの返納を命じ、出国を防いだという事例があるにはあるのですが、これは非常に例外的です。実務的には、たとえば「北朝鮮に渡航しようとしているからパスポートを没収する」ということも難しいでしょう。国際空港などで出国審査官が出国する日本国民に対し、いちいち「あなたは北朝鮮に渡航しますか？」などと問うことはないでしょうし、本気で北朝鮮に渡航する人が審査官に正直に「北朝鮮に渡航します」と答えるはずもないからです。

ただし、法的な強制力はないにせよ、日本政府が国民に対して「この国には渡航しないで欲しい」旨を伝える、という仕組みなら存在します。それが、外務省が運営するウェブサイト『海外安全ホームページ』です。このサイトでは、外国に出掛けようとする日本国民に対し、あらかじめ国・地域を次の4つのレベルに分類して警告しています。

・レベル１　十分注意してください
・レベル２　不要不急の渡航は止めてください

・レベル3　渡航は止めてください（渡航中止勧告）
・レベル4　退避してください　渡航は止めてください（退避勧告）

この4つの警告は「治安が悪化している」「内戦状態にある」などのケースで発せられることが多く、最近では「感染症危険情報」としても発せられているほか、北朝鮮のケースでは核開発や日本人拉致などの事案を受けて「渡航自粛要請」が発せられています。

もっとも、これらの措置はあくまでも「勧告」や「渡航自粛要請」であって「命令」ではありません。また、この勧告ないし要請を無視してその国・地域に渡航したことが後から判明したとしても、その本人に罰を与えることは困難です。実際、コロナ禍以前には、日本人を対象にした中国経由の北朝鮮観光ツアーが募集されていましたし、コロナ禍が終息すれば、以前と同じようなツアーが始まるかもしれません。

外為法以外の制裁――関税の引き上げ

一方で「⑤相手国から我が国へのモノの流れの制限」を巡っては、理屈のうえでは「関税の引き上げ」という経済制裁措置も考えられます。

これについては実際、2019年3月12日の衆議院金融委員会で丸山穂高衆議院議員が当時の一部報道記事をもとに、政府に「特定国を対象とした関税の引き上げにはどういう手続が必要なのか」と質問したところ、財務省の関税局長は具体的な答弁を控え、その後、麻生太郎副総理兼財務相が「関税に限らず、送金停止、ビザ発給停止」など「いろんな報復措置もあろうかと思います」という答弁を行いました。

我が国の関税法や関税定率法などの条文上は、「特定国を対象に制裁的に関税を引き上げる」ということは非常に難しく、また、正当な理由のない関税の引き上げはWTO（世界貿易機関）の協定にも違反することがあり得るため、あまり現実的ではありません。

いちおう、ルール上容認され、我が国も保持している制度はいくつかあります。たとえば、それらのなかで最もわかりやすいのが「緊急関税制度」です。これは、「WTOセーフガード協定」などに基づき、輸入急増による国内産業への重大な損害の防止のために認められている緊急措置であり、我が国では関税定率法（第9条等）に規定されています。

財務省税関の『緊急関税制度（セーフガード）について』というウェブページによると、具体的には「輸入の増加により、同種貨物、競合貨物を生産する国内産業に生じた重大な損害等を防止・救済するために内外価格差の範囲内で割増関税（緊急関税）を課すことができる」（財務省税関）そうですが、これも相手国の不法行為を理由にした関税引き上げの根拠規定に使うのは難しそうです。

「安全保障上の脅威」が必要

以上、日本が外国に対して取り得る経済制裁の内容を列挙してみましたが、これらの項目のなかで、比較的簡単に適用でき、相手国にも打撃を与えることができる経済制裁といえば「④相手国から我が国へのヒトの流れの制限」くらいのものでしょう。というのも、どこの国からビザなしで入国を認めるか、という事項を決定するのは、その国の専権事項だからです。それ以外の項目については、いずれも実効性に乏しいか、発動が困難であるかのいずれかです。

たとえば、「①我が国から相手国へのヒトの流れの制限」については、渡航自粛要請程度であればそれなりに簡単に発動できますが、あまり実効性のある措置とは言えません。また、それ以外の「②我が国から相手国へのモノの流れの制限」「③我が国から相手国へのカネの流れの制限」「⑤相手国から我が国へのモノの流れの制限」については、基本的には「安全保障」、つまり相手国が国際社会に対して脅威を与えている、といった状況が必要です。

日本政府が現在「安全保障」を名目に経済制裁を発動している相手としては、次のように国連や有志国などから経済制裁を受けている国や、タリバン関係者、テロリスト等が中心です――北朝鮮、コンゴ民主共和国、スーダン、イラン、ソマリア、リビア、シリア、ロシア、中央アフリカ、イエメン、南スーダン、マリ共和国、イラク――これら相手国のうち、北朝鮮に対する経済制裁については、たとえば次のような項目が適用されています。

・人的往来の規制強化（在日の北朝鮮当局職員が北朝鮮に渡航した場合の再入国禁止措置など）
・船舶の入港禁止措置（北朝鮮に寄港した日本籍船舶の入港を禁止し、これにより北朝鮮に寄港した全ての船舶の入港を禁止する）
・資産凍結措置・支払規制・資本取引規制の強化
・北朝鮮との輸出入の全面禁止、すべての北朝鮮籍船舶の入港禁止これらの規制を発動するためには「相手国が国際社会の安全保障に対し、深刻な脅威を与えている」と言えなければなりません。つまり「相手国が国連安保理制裁決議を受けている」「有志国連合からの経済制裁を受けている」「我が国が閣議決定を行う」といった条件が必要です。

これを韓国に対して当てはめてみると、北朝鮮に対するものと同様の経済制裁を韓国に対して適用することは困難です。韓国は、少なくとも公式には、国際法に反した大量破壊兵器などを開発しているわけではないからです。

もちろん、あえて可能性だけを申し上げれば、2018年12月に発生した火器管制レーダー照射事件について「韓国が日本に対して仕掛けてきた準戦闘行為である」という解釈も成り立たないではありません。かなり強引に、この「火器管制レーダー照射事件」を「安全保障上の脅威」と位置付けて韓国に対する経済制裁を発動するという方法も、理屈のうえでは考えられないではありません。

しかし、このような解釈はかなり強引なものであり、やはり韓国に対して「安全保障」を名目とした経済制裁を発動するのは、基本的には難しいと考えてよいでしょう。

韓国への制裁はできるのか

以上、世の中ではあまり論じられていない「韓国に対する経済制裁の具体的な方法」について、その概要を確認してみました。以上の内容をまとめておきましょう。

・理論上「ヒト、モノ、カネ、情報」という観点からは、経済制裁には7つのパターンが考えられるものの、日本の法律上、これらのうち包括的に適用可能なパターンは5つに過ぎない

・これらの制裁については入国管理の強化を除くといずれも発動要件は厳しく、「韓国が日本に対して不法行為を仕掛けてきている」という理由で韓国に対する経済制裁を発動することは難しい

つまり、我が国の経済制裁の仕組みは、大きく外為法、入管法、特定船舶法、関税法・関税定率法などに基づき、先ほど説明した7つのパターンのうち、主に②～⑥について制限を加えるというものです。そして、残念ながら①や⑦については、現状、包括的にそれを行う手段はありません。

また、外為法などに定める経済制裁を発動することができるのは、大きく「国連安保理決議」「有志国連合との協調」「経済制裁に関する閣議決定」のいずれかが必要なのですが、いずれも「相手国が国際社会の平和と安全に脅威を与えている」と言えなければ発動することは困難です。

このため、韓国が日本に対して繰り返している不法行為（たとえば日韓請求権違反の状態を作り出した自称元徴用工判決など）を理由にして、日本が韓国に対してこれらの経済制裁を発動することは難しいのです。

だから「韓国に対する経済制裁は難しい、または不可能である」という結論が出てきてしまいそうですね。

広義の経済制裁

実はここまで「経済制裁」という用語をきちんと定義しないままで使ってしまいましたが、「経済制裁」という言葉には狭い意味と広い意味の2種類があります。本章の前項まで論じてきたのは、あくまでも「狭い意味での経済制裁」です。

狭い意味での経済制裁とは、支払規制、貿易規制、資本取引規制、出入国規制など、我が国の法制度に定められた「相手国に対してヒト、モノ、カネなどの流れを制限する措置」のことです。しかし、広い意味での経済制裁とは、もっとシンプルに「相手国に対し、経済的な手段を使って実質的な打撃を与えること」です。

経済制裁をこのように定義すると、それはなにも日本政府が積極的に発動する措置に限る必要はありません。日本が相手国に対して発動できる「広い意味での経済制裁」は、ほかにもあるはずです。

たとえば、日本政府が「相手国に対する制裁」などと表明せず、なにか違う理由をつけて行政上の措置を発動し、それが結果的に何らかの打撃につながるようであれば、それも形を変えた経済制裁の一種と言えなくはありません。また、相手国を含めた世界各国が金融危機などで苦しんでいるときに、わざと「相手国だけ」を助けないことも形を変えた経済制裁のようなものです。さらに高度な外交テクニックとしては、相手国を挑発し、わざといら立たせて、相手国に我が国との経済的関係を断絶させるように仕向ける、といった「制裁」もあり得ます（現在の日本政府にその知恵があるかどうかは別として）。

そこで「広い意味での経済制裁」の類型として、次の3つを紹介したいと思います。

【サイレント型経済制裁】まったく違う名目を持ち出して、特定国に対してヒト、モノ、カネ、情報の流れを制限すること
【消極的経済制裁】相手国が困っているときに、わざと助けないこと
【セルフ経済制裁】相手国が講じた措置が原因で、あたかも相手国が日本から経済制裁を受けたような経済的効果が生じること

それぞれに一長一短はあるのですが、ここで重要なのは、うまく組み合わせれば、必ずしも狭義の経済制裁によらずとも、相手国にそれなりの打撃を与えられるということです。

サイレント型経済制裁

その具体例と限界

まず、日本政府が合法的に相手国に対し、いわゆる「経済制裁」の条文を使わずに制裁を加える手段として、いちばん手っとり早いのは、サイレント型経済制裁でしょう。

たとえば、そのなかでもとくにわかりやすいのが、特定国を狙い撃ちにして入国ビザの申請を通りにくくする、といった手段です（「外為法以外の制裁——入国制限」の項で述べた論点とも重なります）。また、輸出管理を名目に戦略物資の許可手続を厳格化する、相手国からの輸入品についての通関手続を厳格化する、といった行動が考えられます。これらのなかには、相手国に対する「いやがらせ」レベルのものもあれば、その気になれば相手国の経済を止めてしまうような措置もあり得ます。

ただし、ここで気を付けねばならないのは、あくまでも本書で「サイレント型経済制裁」と述べる手段は、狭い意味での経済制裁ではない、という点です。とくに現代国際社会においては、下手に制裁を加えようとすると、自由貿易のルールに引っかかってしまい、相手国から世界貿易機関（ＷＴＯ）に提訴されるというリスクも出てきます。だからこそ、このサイレント型経済制裁は、いつ・いかなる場合であっても適用できる、というものではありません。そこで、経済制裁の7つのパターンのうち、「サイレント型経済制裁」の枠組みで実施可能と考えられる①〜⑥について列挙しておきましょう。

①我が国から相手国へのヒトの流れの制限

政府が国民に対して特定の国に渡航することを禁止する条文は存在しないが、外務省の『海外安全ホームページ』で特定国への渡航に警戒レベルを設定し、間接的に渡航しないように警告することは可能

②我が国から相手国へのモノの流れの制限

特定国に対し、外為法第48条第1項（輸出管理）などの規定を用いて、「経済制裁」ではなく「輸出管理強化」などの名目を用いて、特定品目などについての事実上の輸出制限措置、禁輸措置などを加えること

③我が国から相手国へのカネの流れの制限

特定国を念頭に、金融モニタリングを通じて日本国内の金融機関に特定国へのエクスポージャーをチェックしたりすること

④相手国から我が国へのヒトの流れの制限

特定国の国民に対して「経済制裁」以外の名目を使い、入国ビザ、滞在ビザの発給条件を厳格化すること

⑤相手国から我が国へのモノの流れの制限

特定国に対し、何か適当な名目を付けて税関検査や検疫を強化したりすること

⑥相手国から我が国へのカネの流れの制限

特定国に対し、何か適当な名目を付けて我が国への投資許可を遅らせたり、出し渋ったりすること

⑦情報の流れの制限

いわゆる「スパイ」の取り締まりなどを可能にする新たな制度を設けること

これらのうち、①については先ほどの「狭義の経済制裁」で取り上げたとおり、「やろうと思えばできる」というレベルのものであり、実効性は高くありません。また、⑦については包括的に制限するための法律が存在しません。

しかし、②～⑥については、比較的たくさんの方法が用意されています。そこで、以下ではその主な仕組みを確認してみましょう。

輸出管理の強化

「②我が国から相手国へのモノの流れの制限」を「サイレント型経済制裁」として適用するための最も効率的かつ有効な仕組みは、「輸出管理」です。

これについては第二章（78ページ）でも詳しく説明したとおり、もともとは外為法第48条第1項の規定などに基づき、民生品としても軍需品としても使えるような物品について、軍事転用されてしまうのを防ぐための仕組みです。そして、この輸出管理の仕組みを使えば、その気になれば経済制裁の仕組みを使わなくても、ある程度は戦略物資の流れを制限してしまうことが可能です。その典型例こそ、日本政府が２０１９年7月に発表した、韓国向けの輸出管理適正化措置でしょう。

なお、著者は84ページなどで説明したとおり、韓国に対するこの輸出管理適正化措置が自称元徴用工問題などに対する「経済制裁」ないし「対抗措置」としてではなく、あくまでも純粋に輸出管理の目的で発動されたものだと考えています。

日本政府が包括許可から個別許可の対象に切り替えた品目に、一般に半導体製造などに用いられるフッ化水素などが含まれていたため、「韓国の半導体産業に打撃を与えるために日本が不当な輸出規制を行おうとしている」と、韓国メディアはこぞって報道しました。

しかし、韓国に対するフッ化水素の輸出量が減少したことは事実としても、べつに韓国の半導体産業が壊滅的な打撃を受けたとする報道はありませんし、それどころか本書執筆時点においてもなお、韓国にとって半導体産業は「稼ぎ頭」です。

それに、もしこの措置を「サイレント型経済制裁」として、日本が韓国の半導体産業に打撃を与えるために発動するならば、もっとダイレクトに半導体製造装置などの輸出を厳しくする、といった措置のほうが有効だったはずです。

いずれにせよ、韓国は日本の輸出管理上、「（旧）ホワイト国」、つまり現在の「グループA」からは外されたものの、依然として「グループB」という優遇措置を受けていますし、3品目の対韓輸出も継続しているなど、この措置は結果的に韓国に対する「経済制裁」とは言い難いほど弱いものです。

ただし、リスト規制品やキャッチオール規制などをうまく組み合わせ、品目を効率的に選んで輸出許可の網をかければ、実質的には狭義の経済制裁のところで述べた「輸出規制」と同じような効果を得ることもできるかもしれません。あるいは、非常に穿った見方ですが、日本政府が現在でも韓国を輸出管理上の「グループB」に留めている理由は、韓国に対する輸出管理を再度厳格化する余地を残しているためかもしれません（このあたりは憶測の域を出ませんが……）。

支払の制限

一方で、「③我が国から相手国へのカネの流れの制限」、つまり日本から韓国への支払や役務取引、資本取引などに制限を加える方法も、ないわけではありません。

狭義の経済制裁を発動するためには、国連安保理決議や有志国との協調、閣議決定などの条件が必要です。しかし、外為法をよく読むと、たとえば支払に関しては次のような場合にも禁止することが可能であることがわかります。

・我が国の国際収支の均衡を維持するために必要がある場合（第16条第2項）
・外為法などの確実な実施を図るために必要があると主務大臣が認めた場合（第16条第3項）

つまり、極端な話、主務大臣が「外為法の確実な実施のために必要だ」と判断すれば、韓国への支払、送金などを許可制にすることができる、というわけです。

ただし、そのような規制を発動する場合には、おそらく「なぜその措置が必要なのか」について明らかにする必要があるため、あくまでも「最後の手段」としてそれが実施できる、ということでしょう。

なお、ときどき「金融庁が韓国の信用区分（？）を引き下げたら金融機関は韓国にカネを貸せなくなる」などと主張する人がいますが、これは何を言っているのかよくわかりません。もしも銀行自己資本比率規制におけるリスクウェイトのことなら、その言説は明確な間違いです。標準的手法におけるソブリン（国や政府機関が発行もしくは保証する債券）のリスクウェイトは、外部格付やリスクスコアなどに応じて一律に決まりますので、金融庁がコントロールできるものではありません。

このあたり、金融規制に詳しくない人がデタラメな話を吹聴しているケースがありますので、注意が必要でしょう。

入国管理の強化

サイレント型経済制裁のなかでもおそらく最も簡単で強力な措置が「④相手国から我が国へのヒトの流れの制限」です。

先ほど紹介した「①我が国から相手国へのヒトの流れの制限」については、実効的な制限を加えるのは難しいのですが、逆に④については、わりと容易《たやす》く発動可能です。どの国からのビザなし入国を認めるかについては、すべて我が国が勝手に決められるからです。

実際、2020年3月に、日本政府はコロナ防疫を理由に、まずは韓国、香港、マカオなどに対するビザ免除措置を停止したという実績があります。たとえば、コロナ禍が収束したとしても、日本政府は韓国に対する短期入国ビザ免除措置を復活させない、という選択をすることは可能です。

もちろん、それをやってしまうと、観光業などのインバウンド産業が深刻な打撃を被るのではないか、という指摘があることは確かでしょう。その意味では、サイレント型経済制裁も「諸刃《もろは》の剣《つるぎ》」なのです。

また、詳しくは「セルフ経済制裁」の箇所に関わってくるのですが、もしも日本政府が韓国に対する短期入国ビザ免除措置を復活させなかった場合、相互主義の観点から、おそらく韓国側も日本に対する短期入国ビザ免除措置を停止するでしょう。

そうなると「①我が国から相手国へのヒトの流れの制限」についても、間接的に実現できてしまう、というわけです。

あくまでも個人的な主張ですが、やはり韓国に対する短期入国ビザ免除制度については、この際、撤廃するか、滞在可能期間を90日間から15日間ぐらいに大幅に短縮してはどうでしょうか。これぐらいの措置は、検討に値するのではないかと思う次第です。

検疫の強化

さて、「⑤相手国から我が国へのモノの流れの制限」については、日韓の貿易構造上、韓国から日本への輸出はさほど多くないため、あまり考察する価値はないかもしれませんが、いちおう、地道な「いやがらせ」くらいのことはできます。

たとえば、日本政府は2019年5月30日以降、韓国産輸入ヒラメの寄生虫検査サンプル数を増やすことにした、という事例があげられます。そもそも韓国産輸入ヒラメの検疫は、民主党政権時代の11年に全面免除されたという経緯もあり、ヒラメの検疫強化は「民主党政権時代の負の遺産の清算」という意味合いもあります。このため、これを「サイレント経済制裁」に加えることに若干の違和感がないではありませんが、韓国からモノが流れにくくなるという意味では「サイレント型経済制裁」と言えなくはないでしょう。

なお、「⑥相手国から我が国へのカネの流れの制限」については、正直、現在の日韓関係を踏まえると、韓国に対する有効な経済制裁と言えるかどうかは疑問です。なぜなら、第二章の**図表2－1**などでも確認したとおり、韓国から日本に対する投資額や与信額は、日韓両国の経済規模に比べて非常に少額だからです。いちおう、外為法の規定の解釈次第では「韓国企業による対内直接投資の許可をわざと遅らせる」などの手法が考えられる、といった程度のものですが、あまり真剣に検討する必要はないでしょう。

情報の流れの制限

論点をひとつ補足しておきましょう。「サイレント型経済制裁」に位置付けるべきかどうか悩んだのですが、いちおうは広い意味で「経済的な取引に関わる法制」についてです。先ほどの「狭い意味での経済制裁」に関しては、7パターンのうち「⑦情報の流れの制限」は「ネット回線など、情報そのものを包括的に遮断するのは難しい」と述べました。ただし、我が国には情報の流れを制限する法律がないわけではありません。主なものを**図表4－3**に示しました。

このうち外為法の規定は、輸出管理の対象となる役務取引に関連し、特定の情報をメールなどで送信することを制限しています。

図表4-3　日本から外国への情報の流れの制限に関連する法律

主な法制	既定の概要	根拠条文
輸出管理上の情報管理	経済産業大臣は、電気通信を使って特定国に特定の情報を送る場合に許可を受ける義務を課すことができる。また、経済産業大臣は、輸出管理上の必要な許可を受けずに役務取引や輸出を行った者に対し、3年以内の期間を限り電気通信による特定の情報送信を行うことを禁止することができる	外国為替及び外国貿易法第25条第3項、第25条の2、第53条第1項
産業スパイの取締	日本国外において使用する目的で営業秘密を取得した者などに対しては、最大で懲役10年か罰金3000万円（またはその併科）とする	不正競争防止法第21条第1項・第3項等
農作物の育成者権や専用利用権の保護	これまでは正規に購入した種苗であれば購入者が海外に持ち出すことは合法で、止めることはできなかったが、2020年12月の種苗法改正で海外流出に10年以下の懲役か1000万円以下の罰金（またはその併科）とすることが盛り込まれた。2021年4月に施行予定	2020年12月改正種苗法第67条等

また、不正競争防止法では、外国企業が関与する産業スパイなどの行為に対して、最大で10年以下の懲役か3000万円以下の罰金（またはそれらの併科）という規定が設けられています。

さらに、2020年12月に改正された種苗法では、登録品種の種苗を育成者の意図しない国へ輸出したり、育成者の意図しない地域で栽培したりする行為に「育成者権」を及ぼすことができるようになりました（21年4月に施行予定）。この「育成者権」とは知的財産権の一種で、登録品種の種苗、収穫物、加工品の販売等を独占することができる権利のことです（存続期間は原則として25年とされます）。

つまり、外為法や不正競争防止法、種苗法といった法律を厳格に運用すれば、結果的に日本から相手国に対する情報（とくに知的財産権）の流出を止めるという効果が期待できる、というわけです。

もっとも、外為法はともかく、不正競争防止法や改正種苗法に関しては「相手国に対する経済制裁として適用する」というよりは、むしろ「相手国による知的財産権などの窃盗を防ぐ」という意味合いが強いと言えます。その意味では、知的財産権の保護に関する法律は「経済制裁」として認識するのではなく「やって当然の措置」と捉えるほうが適切でしょう。あるいは「日本の行政がやるべきことをしっかりやる」だけでも、間接的には相手国に対する制裁として機能する場合もある、と言うべきでしょうか。

消極的経済制裁

消極的経済制裁とは？

さて、広い意味での経済制裁、つまり「経済的な手段を使って相手国に打撃を与えること」という視点で、著者が個人的に「非常に注目する価値がある」と考えているのが「消極的経済制裁」です。

消極的経済制裁とは、日本が相手国を助ける能力があるにもかかわらず、わざと助けないことで、相手国を「見殺しにする」という戦略です。また、日本が「特定の国だけを助けない」というのも、この制裁のひとつとして機能するかもしれません。

消極的経済制裁の長所は、これを発動するために、べつに根拠法も閣議決定も必要ではないということです。というよりも、この制裁は「助けるという行為をしない」ということであり、「これからお前の国を制裁してやるぞ」などと、わざわざ宣言する必要すらありません。つまり「サイレント型経済制裁」と同様、一種の「ステルス型経済制裁」ということになるわけですね。

あるいは、相手国が喉から手が出るほど欲しがっているものをチラつかせたうえで、それをわざと引っ込める、というパターンも考えられますし、あるいは相手国が欲しがっている支援を、相手国の近隣諸国に対して実施しつつ、「相手国だけをスルーする」といった方法も、「消極的経済制裁」（あるいは嫌がらせ）と言えるかもしれません。

ただし、この制裁には大きく2つの短所があります。

ひとつ目は、「相手を助けない」ということですから、その前提として「相手が困らなければ発動できない」という点です。つまり、いざ「これから制裁をしよう」と思っても、相手国が困っていなければ発動できないのです。

ふたつ目は、この制裁が発動できるパターンは非常に限られている、という点です。具体的には、経済制裁の①〜⑦のすべてに適用できるわけではありません。

典型例は通貨スワップ

7種類の経済制裁のなかで、いちばんしっくりくるのは③、つまり金融分野でしょう。具体例として考えられるのは、相手が外貨不足で困っているときに、通貨スワップなどのファシリティ（便宜、融通）をわざと提供しない、という形の制裁です。

その典型的な分野のひとつが、国際金融協力であり、とりわけ第二章107ページ以下でも取りあげた、通貨スワップや為替スワップなどの「スワップ協定」です。

韓国は為替のハビタブルゾーン（生存可能領域）が非常に狭いためでしょうか、時期にもよりますが、およそ1ドル＝1000〜1200ウォン程度で収まるよう、韓国銀行がレンジ誘導を繰り返してきました。そして、為替介入はたいていの場合、米ドルを売ったり買ったりして実施されます。つまり、輸出企業が困らないようにウォン高を抑制し、外貨でおカネを借り入れている企業のためにウォン安になり過ぎないようにしているのです。

そして、**図表2－13**（102ページ）でも確認したとおり、同国のマネタリーベースや外貨準備の動きから判断して、韓国銀行はウォン高局面においては自国通貨売り・外貨買いの為替介入をおっかなびっくり行っていると考えられます。しかし、そもそも韓国の通貨・ウォンは国際的なハード・カレンシーではないため、為替介入をやり過ぎた際にウォンが崩落することを韓国銀行当局者はおそれているフシもあります。だからこそ、韓国は米ドル建ての通貨スワップを欲しがっているものと考えられます。

図表2－17（108ページ）でも示したように、スワップには①二国間の通貨スワップ（ローカル通貨建て）②二国間の通貨スワップ（少なくとも片方がハード・カレンシー建て）③多国間の通貨スワップ④為替スワップ、などの区別があります。

これを考慮したうえで、現時点において韓国が保有しているスワップを列挙したものが、**図表4－4**です。

図表4-4　韓国が外国と保有するスワップ協定と米ドル換算額

相手国と失効日	相手通貨とドル換算額	韓国ウォンとドル換算額
スイス（2021/2/20）	100億フラン ≒ 113億ドル	11.2兆ウォン≒103.2億ドル
UAE（2022/4/13）	200億ディルハム ≒ 54.4億ドル	6.1兆ウォン≒56.2億ドル
マレーシア（2023/2/2）	150億リンギット ≒ 37.3億ドル	5兆ウォン≒46.1億ドル
オーストラリア（2023/2/22）	120億豪ドル ≒ 92.3億ドル	9.6兆ウォン≒88.4億ドル
インドネシア（2023/3/5）	115兆ルピア ≒ 81.9億ドル	10.7兆ウォン≒98.6億ドル
中国（2025/10/10）	4000億元 ≒ 612.3億ドル	70兆ウォン≒644.7億ドル
二国間通貨スワップ　小計…①	991.2億ドル	112.6兆ウォン≒1037.1億ドル
多国間通貨スワップ（CMIM）…②	384.0億ドル	—
通貨スワップ合計（①＋②）	1,375.2億ドル	
カナダ（期間無期限）※	金額無制限	—
米国（2021/09/30）※	600億ドル	—

（出所）各国中央銀行報道発表等を参考に著者作成。為替換算は2020年12月31日時点の為替相場を使用　※は通貨スワップではなく為替スワップ

一見すると、韓国は巨額のスワップを締結しています。金額が無制限のカナダとの協定を除くと、ざっと2000億ドル近い状況です。

しかし、これについてよく見ると、いちおう、国際的なハード・カレンシーである豪ドル、スイスフランとの協定はあるものの、韓国が危機の際に本当に必要としている「米ドル建ての二国間通貨スワップ」は1本もありません。

たとえば、これらのなかで最も多額なものといえば中国との間の通貨スワップですが、これは「612億ドルを中国人民銀行から引き出せる」という意味ではありません。あくまでも韓国が引き出せる通貨は4000億元という人民元であり、通貨危機などに際して通貨防衛をしようと思っても、あまり使い物にな

りませんし、だいいち韓国の通貨危機に際し、中国当局が人民元の引出しに応じるという保証もありません。また、インドネシアやマレーシアとのスワップも、米ドルに換算してそれぞれ約82億ドル、約37億ドルですが、これらは計算上の金額に過ぎず、実際に引き出せるのは米ドルではなく、あくまでも相手国の通貨です。

いちおう、事実上のドルペッグを採用しているアラブ首長国連邦（ＵＡＥ）の通貨・ディルハムとのスワップについては、事実上、ＵＡＥが保有する米ドルなどの外貨準備を裏付けとした、間接的な米ドルとのスワップだという言い方もできなくはありませんが、それもやや強引な解釈です。

一方、「ＣＭＩＭ」とは東南アジア諸国連合（ＡＳＥＡＮ）加盟各国や日中韓などが参加する「チェンマイ・イニシアティブ・マルチ化協定」という多国間の枠組みのことです（図表4－5）。ただし、このＣＭＩＭ自体、もともとはＡＳＥＡＮ諸国のためのスワップ協定という意味合いが強く、なおかつ多国家が参加しているため、もしも韓国がＣＭＩＭから資金を引き出すとなれば、少なくともＡＳＥＡＮ各国や日中などを巻き込んで大事となることは間違いありません。そのため著者は、韓国がＣＭＩＭから資金を引き出す勇気があるのかどうか、はなはだ疑問に思っています。

図表4-5　チェンマイ・イニシアティブ・マルチ化協定（CMIM）

国	拠出額	引出可能額
日本	768億ドル	384億ドル
中国（※）	768億ドル	405億ドル
韓国	384億ドル	384億ドル
インドネシア、タイ、マレーシア、シンガポール、フィリピン	各　91.04億ドル	各　227.6億ドル
ベトナム	20億ドル	100億ドル
カンボジア	2.4億ドル	12億ドル
ミャンマー	1.2億ドル	6億ドル
ブルネイ、ラオス	各0.6億ドル	各3億ドル
合計	2400億ドル	2400億ドル

（出所）財務省『CMIM 貢献額、買入乗数、引出可能総額、投票権率』より著者作成。ただし、中国については香港との合算値。中国以外のＩＭＦとの「デリンク」割合は40%。また、香港はＩＭＦに加盟していないため、中国の引出可能額に占める「ＩＭＦデリンク」割合は他の国と異なる

なお、カナダや米国とのスワップは通貨スワップではなく為替スワップであり、「通貨当局が金融危機に際して通貨を手に入れられる」という仕組みではありません。実際、コロナ禍の最中、韓国銀行は一時期200億ドル近い為替スワップ資金を米ＦＲＢから引き出しましたが、これらはあくまでも市中金融機関に対する最長3カ月のターム物で、有利子での融資です。本当に韓国の通貨・ウォンが売られ始めたときに、韓国銀行がＦＲＢから直接、米ドルを入手するという仕組みではないのです。

他国とのスワップを見せつける方法

さて、このことから、韓国がどうしても

必要としている米ドル建ての通貨スワップを、日本が誇示するようにわざと韓国以外の諸国と結んでいく、というのも韓国に対してはなかなか興味深いメッセージとなり得ます。

この点、第二章でも論じたとおり、韓国は過去に日本との通貨スワップを締結しており、それを安全弁のように使って為替安誘導を行っていたという経緯があります。これに加えて、とくにコロナ禍の最中には韓国側からしつこく「日韓通貨スワップが必要だ」という主張が提起されていたという事実があります。たとえば、2020年4月27日付で韓国紙『中央日報』の日本語版ウェブサイトに掲載された『【リセットコリア】コロナ危機に対応するため韓日が手を握るべき』という記事では、次のような見解が掲載されています。

「困難なときに助け合うのが真の友人であり隣国であり、現時点で重要なのはお互いの信頼回復だ」

要するに「真の友人であり隣国であるならば、日韓通貨スワップも締結すべきだし、

図表4-6　日本が外国と締結している二国間通貨スワップ協定

相手国	相手国が要請した場合の引出限度額	相手国が引き出す通貨
インドネシア	227.6億ドル	米ドルか日本円
フィリピン	120億ドル	米ドルか日本円
シンガポール	30億ドル	米ドルか日本円
タイ	30億ドル	米ドルか日本円
マレーシア	30億ドル	米ドル
インド	750億ドル	米ドル
合計	1187.6億ドル	

（出所）財務省『アジア諸国との二国間スワップ取極（2020.9.18現在）』

コロナ危機の克服のための協力も必要だ」ということでしょう。個人的には「あれだけ日本に対して不法行為を働いておきながら、よくそんな主張ができるものだ」と思わず呆れてしまいますが、それでも逆に言えば、日韓通貨スワップは韓国を助けるための協定であり、これをあえて韓国以外の各国と締結していくというのは、「韓国に対する消極的な制裁となり得る」ということでしょう。

実際、先にあげたCMIMと並んで、日本は東南アジア諸国やインドに対して二国間通貨スワップを提供しています。財務省が公表する20年9月18日時点の資料によると、日本は6カ国と合計1187・6億ドルの通貨スワップを締結しています（図表4－6　ただし、本書出版時点において一部の通貨スワップは失効している可能性もあります）。

これを見るとわかりますが、いずれのスワップも相手国が米ドルで引き出せるというものであり、また、一部の国に対しては日本円での引出しも選択可能です。米ドルは世界の基軸通貨であり、また、日本円は国際的に通用するハード・カレンシーです。いわば、どちらを選んでも使い勝手の良い通貨が日本から提供される、というわけです。

インド太平洋構想協力国のみ優遇する

この「消極的制裁」というやり方は、理論上はほかにもいろいろと考えられます。たとえば「⑤相手国から我が国へのモノの流れの制限」に関連し、「消極的経済制裁を与える国以外のすべての国に対して関税を免除する」といった形の制裁も理屈のうえでは考えられますが、自由貿易の原則との関係で問題となる可能性があるため、あまり大っぴらにはできません。

それよりも著者がお勧めしたいのは「仲間に入れないこと」「特別扱いしないこと」「我が国が主導する国際的な会議などに対し、特定の相手国の参加を許さない雰囲気を作り上げていく」といった形態の消極的制裁です。ここで重要なのは、相手国が「自由主義」「民主主義」「法治主義」ないし「法の支配」「基本的人権の尊重」という価値観を大切にしているかどうか、という視点でしょう。

前章で論じたとおり、日本や米国が提唱する「自由で開かれたインド太平洋（FOIP）構想」は、この価値観を共有する国々の連携であり、まさに安倍前政権の置き土産です。とくに日本は現在、FOIPを推し進める立場にあります。ASEAN諸国がFOIPにコミットしているわけではありませんが、インド太平洋に関するASEANアウトルック（AOIP）を掲げており、日本はこのAOIPを全面的に支持しています。つまり、現在は日本が主導したFOIPに対し、日米豪印の4カ国（クアッド）に加え、英国やフランスなども賛意を示している状況にありますし、ASEAN諸国も間接的にはFOIPにコミットしているという言い方をしても良いでしょう。他方、韓国がFOIPに頑なに参加しようとしない状態は、韓国がどっちつかずの状況となり、自由・民主主義諸国同盟から弾き出される可能性がある、ということでもあります。

さらに、たとえば日本が今後、「輸出管理上の優遇措置はFOIPにコミットしている国に対して優先的に適用する」「通貨スワップや為替スワップを締結するとしたら、FOIPにコミットしている国を優先する」などと発言するだけで、国際的な投機筋などに対して非常に重要なメッセージとなり得ます。

膠着状態が続く日韓両国の関係を日本が積極的に改善しないこと自体、うまく使えば間接的に韓国に対する消極的制裁となり得るのです。

「1～20国」の同盟

もっと一般化して言えば、日本はべつに韓国と断交する必要などありませんし、「日米韓3カ国連携」の枠組みも、実害が生じない限りは放置しておいてもいいでしょう。

その考え方を象徴するのが、著者が提言する「1～20の同盟」です。

図表4－7は、日本が現時点で関わる（あるいは今後関わる可能性がある）主な国際的な連携を示しています。

「1」は言うまでもなく、「日本単独」あるいは孤立主義であり、これは絶対に避けなければなりません。

次に「2」は、日本にとっての現時点における唯一の軍事同盟国である米国との関係です。米国は世界最大の経済大国にして軍事大国であり、また、日本と同じく自由主義、民主主義などの普遍的価値を大切にする国です。したがって、日本は米国との友好関係を将来にわたって崩さないように維持しなければなりません。

一方、「3」には2種類あります。ひとつは「日米韓3カ国連携」であり、もうひとつ

図表4-7「1～20で読む同盟」

国の数	同盟ないし連携	参加国
1	（日本単独）	日
2	日米同盟	日米
3	日米韓３ヵ国連携	日米韓
	日中韓３ヵ国連携	日中韓
4	ＦＯＩＰクアッド	日米豪印
5	クアッド＋英国	日米豪印英
	ファイブアイズ	米英加豪ＮＺ
6	クアッド＋英仏	日米豪印英仏
	シックスアイズ	日米英加豪ＮＺ
7	Ｇ７	日米英仏独伊加
11	ＴＰＰ１１	日豪ＮＺなど
15	ＲＣＥＰ	日中韓ＡＳＥＡＮなど
20	Ｇ２０	Ｇ７＋ＢＲＩＣＳなど

（出所）著者作成

は「日中韓３カ国連携」です。これらの枠組みが提唱された頃は、それなりに意味があったのかもしれませんが、著者はこの両者について、すでに形骸化していると考えています。というのも、中国は日本と基本的価値を共有していないからであり、また、韓国もいまや米韓同盟から離脱しそうになっているフシがあるからです。

こうしたなか、今後は「４」以降の枠組みが実効性を帯びてくるはずです。「４」は日米豪印４カ国（いわゆる「クアッド」）であり、ＦＯＩＰという共通のビジョンで繋がる関係です。そして、これに英国が加わり「５」、フランスも入って「６」となります。

また、「５」にはここで示した５カ国とは

異なる枠組み「ファイブアイズ」があります。それはすなわち英語圏（米英豪加＋ニュージーランド）が情報共有する枠組みの俗称であり、「6」はこの5カ国に日本が加わったもので、近年ではむしろ「ファイブアイズ」側から日本を加えた「シックスアイズ」にすべきだ、といった意見も見られます。

さらに、「7」は言わずと知れたG7であり、「11」は包括的環太平洋パートナーシップ（TPP11）、「15」はASEANや日中韓など15カ国が参加する「地域的な包括的経済連携協定」、「20」はG20です。

日本がここまで多くの国々と連携する時代になったというのは安倍前政権の業績であり、同時に韓国に対しては強いメッセージともなり得ます。というのも、これらのうち韓国が参加している枠組みは「3」と「15」と「20」のみだからです。

すなわち、日本がことあるごとに韓国を名指しせず、「FOIPを大切にする」「シックスアイズを前向きに検討する」「TPP11を大切にする」と言い続ければ、国際社会で「韓国は普遍的価値の同盟には含まれない」というコンセンサスが自然と形成されていくかもしれません。これも形を変えた消極的制裁と言えるのではないでしょうか。

近年ではG7に豪州、インドと並んで韓国をオブザーバーとして招聘するという動きもみられますが、これについても日本としては「G7の拡大には反対だ」、あるいは「我が国はインド、豪州両国のG7入りを歓迎する」などと言い放ち、毅然としていれば良いのです。なお、余談ですが、個人的にはインドがG7に入る資格を持つ国なのかどうかは疑問に感じています。一方、少なくとも豪州についてはG7入りする資格はあると思います。

以上、この「消極的経済制裁」(ただし、最後の「仲間外れ」は「経済制裁」とは限りません)は非常にわかりづらいのですが、そのぶん巧妙に行えば、少しずつ韓国を国際社会から孤立させることができるでしょう。

というよりも、国際社会における制裁は、相手国や周辺国が気付かないように、少しずつ相手国を孤立させることでボディブローのように効いていくものですし、せめてこの消極的経済制裁くらいはしっかりとやるべきでしょう。

セルフ経済制裁

セルフ経済制裁とは?

さて、「広義の経済制裁」、つまり「相手国に対して経済的に打撃を与える状態」を実現させる方法は、「サイレント型経済制裁」や「消極的経済制裁」以外にも、もうひとつあります。それが「セルフ経済制裁」です。

セルフ経済制裁とは「相手国自身の行動によって、結果的に我が国が相手国に制裁を加えたのとそっくりな効果が生じること」です。当たり前ですが、これを「発動する」ためには法律も閣議決定も必要ありません。相手にそう仕向ければ良いだけの話です。

そして、この「セルフ」が優れているのは「7種類」のすべてにおいて成り立つ可能性がある、という点です。

まず、「①我が国から相手国へのヒトの流れの制限」について考えてみましょう。

これは「狭義の経済制裁」では不十分でしたし、また、「サイレント型」や「消極的」にも有効な手だてが存在しません。先述のとおり、日本が講じることができる措置といえば、せいぜい「あの国に渡航しないで欲しい」という自粛勧告くらいのものでしょう。

しかし、「セルフ経済制裁」は違います。相手が我が国からの入国に制限を加えることにより、ほぼ完璧な形で①が実現してしまうからです。

もちろん、日本が望むような形で特定のスキルを持った人材の渡航だけを禁止するとか、日本が好むときに解除するとか、そういう柔軟性はありません。なぜならこれは、あくまでも相手国が実施する措置でだからです。

ただ、「日本から相手国へのヒトの流れの制限」が実現できるという意味では、間違いなく「狭義」「サイレント型」「消極的」などにはない利点です。

日本が④を繰り出せば韓国は①で対応する

ちなみに「セルフ経済制裁」については、2019年8月頃、著者が主催するウェブ評論サイト『新宿会計士の政治経済評論』の『総論：経済制裁について考えてみる』という記事で考察しているのですが、それが正しかったことは、20年3月に証明されました。

日本政府がコロナ防疫を理由に中韓両国（や香港、マカオ）に対する入国ビザの無効化などの措置に踏み切った際、韓国が対抗措置として、やはり日本国民に対するビザなし入国を認めない措置を打ち出したからです。

図表4－2でも確認したとおり、日本政府は従来、68カ国・地域に対してビザ免除措置を適用してきました。内訳はアジアが韓国、台湾、香港、マカオなど9カ国・地域、ほかに米国、カナダ、豪州、ニュージーランドや欧州の多くの国が含まれています。こ

れらの国の多くは、観光や商用などを目的とする90日間までであれば、ビザなしでの入国が認められていました。

ところが、新型コロナウイルスの蔓延が始まって以来、日本政府は順次、水際対策の強化の一環として、ビザなし免除の運用を停止し始めました。韓国や中国、香港、マカオなどに対するビザの無効化措置については3月5日に発表され、9日以降、ビザなしでの日本への入国ができなくなってしまったのです。

これに対し、韓国政府は直ちに反応しました。日本の措置に対し、同じく3月9日から韓国政府も日本人に対するビザ免除措置を中断すると発表したのです。

もちろん、日本政府による措置は、あくまでもコロナ防疫を目的としたものであり、自称元徴用工問題などに対する対抗措置として講じたものではありません。しかし、結果的に日本がこのような行動をとれば、韓国も対抗してくるということがわかりました。それは結果的には良かったのかもしれません。

極端な話、今回のコロナ局面が終息したとしても、日本政府が何らかの理由をつけて、再び韓国に対するビザ免除措置を停止する（あるいは厳格化する）などと発表すれば、おそらく韓国側も対抗措置を講じてくるでしょう。

日本が⑤を発動すれば韓国は②で仕返す

もうひとつ、このセルフ経済制裁が機能し得ることを示した事例が、第二章78ページでも説明した、対韓輸出貿易管理の厳格化・適正化措置です。

日本政府は2019年7月、韓国に対する輸出管理を強化すると発表しました（いわゆる対韓輸出管理適正化措置）。

繰り返しになりますが、著者自身の個人的分析・理解なども踏まえ、日本政府がこの時期にこれを発表した理由を推察すると、おそらく次のとおりです。

・輸出管理に関する日韓間の政策対話は、日本が再三にわたって求めていたにも関わらず、16年6月を最後に丸3年行われていなかった
・韓国の輸出管理を巡り「不適切な事案」が発生した（たとえば、フッ化水素の対韓輸出量が異常に水膨れしており、目的外使用、迂回貿易などが疑われる）
・韓国の日本に対する度重なる不法行為により、日本政府の韓国に対する信頼が失われた状態にあった

もちろん、この措置を発動した背景に、韓国が自称元徴用工問題を発生させ、不誠実な姿勢をとり続けていたことに対する日本政府の不信感が存在しているという可能性は否定できません。しかし、著者の見解では、日本政府がこの措置を発動した最大の理由は、あくまでも韓国に対する輸出管理の適正化であり、経済制裁ではないのです。

そして、ここで重要な点は、韓国が日本の措置を「自称元徴用工問題に対する輸出規制だ」と決めつけ、感情的に反発したうえで、日本に対する輸出管理上の優遇措置を廃止したことです。

現時点において日本が韓国から輸入しているキーデバイスよりも、日本が韓国に輸出しているキーデバイスのほうが多いため、韓国の対抗措置は日本にとってさしたる実害はなかったのですが、それでも先方が勝手に日本への輸出規制を発動するというのは、見方を変えればセルフ経済制裁そのものでしょう。

「ノージャパン運動」は悪いことばかりではない

ちなみにこの輸出管理適正化措置の興味深いところは、そのおかげで「ノージャパン運動」が燎原《りょうげん》の火のように韓国国内で燃え盛ったことです。

図表2－2（68ページ）を見れば、2019年を通じた日韓両国の往来が1000万人の大台を割り込み、とくに同年8月以降、日本に入国した韓国人が「つるべ落とし」のように急減していることが確認できるでしょう。

もちろん、それによる日本経済への打撃はゼロではありません。日本でも対馬など一部の地域の観光産業は韓国人客の需要にかなり依存していましたし、それらの地域では壊滅的ともいえる被害が生じた、との報道もあったようです。

もっとも、もともと1人あたりの韓国人観光客が日本に落とすカネは韓国以外の国の出身者と比べて格段に低く（**図表4－8**）、マクロの数字で読む限りは、韓国人観光客が日本に来なくなったことの日本経済に与える影響は限定的でもあります（ただし、このデータはコロナ禍が生じる以前の19年のものです）。

ここで、少しだけ余談を述べておきましょう。

日本に入国する圧倒的多数の韓国人は善良な観光客であると信じたい気持ちもある半面、06年以降、韓国人が日本に観光ビザで気軽に入国できるようになったためでしょうか、まことに残念ですが、犯罪（たとえば韓国人窃盗団による仏像の盗難事件など）が増え

図表4-8　訪日外国人1人当たり旅行支出（2019年） 円／人

国籍・地域	支出総額	国籍・地域	支出総額
オーストラリア	247,868	ベトナム	177,066
英国	241,264	シンガポール	173,669
フランス	237,420	インド	157,244
その他	221,514	香港	155,951
スペイン	221,331	マレーシア	133,259
中国	212,810	タイ	131,457
ドイツ	201,483	インドネシア	131,087
イタリア	199,450	台湾	118,288
米国	189,411	フィリピン	107,915
ロシア	183,015	韓国	76,138
カナダ	181,795	全国籍・地域	158,531

（出所）観光庁2020年３月31日付『2019年の訪日外国人旅行消費額（確報）』より著者作成

ていることもまた事実です。その意味では、「ノージャパン」の影響については、単に「韓国人観光客が日本に来なくなっておカネを落とさなくなってしまったこと」以外にも、もう少し多角的かつ長期的に見極めるべきではないかと思うのです。

形を変えたセルフ経済制裁

さて、「セルフ経済制裁」といえば、もうひとつ忘れてはならない側面があります。「韓国が国際法を守らないことで、韓国自身の評判が傷ついている」ということです。

自称元徴用工判決問題を経営学的視点で眺めると、韓国では日本企業がちゃんと国際法を守りながら事業活動を営んでいるにもかかわらず、ある日突然、ありもしない歴史問題をでっち上げられ、訴えられて資産を差し押さえられてしまう可能性が見えてきました。

これは、非常に恐ろしい話です。

2018年10月30日の判決で新日鐵住金（現・日本製鉄）が、11月29日の判決で三菱重工業が、それぞれ命じられた損害賠償額は、自称元徴用工らの原告1人あたり、当時の為替相場で換算しても、せいぜい800～1500万円前後だったようです。正直、これらの日本企業であれば、まったく問題なく捻出できる金額でもありますので、企業法務の本音でいえば、さっさと支払って「おしまい」にしたいのだと思います。

しかしながら、日本企業は「さっさと支払って幕引き」にしてはなりません。その理由は、潜在的に数千人から数万人、報道によっては数十万人というレベルで、損害賠償を起こそうとする自称元徴用工やその遺族らが控えているからです。

仮に1人あたり1000万円だったとしても、10人ならば1億円、100人ならば10億円、10万人ならば1兆円の損害が日本企業に発生してしまいます。また、日本企業が数兆円を支払い、同問題が片付いたとしても、どうせまた新たな歴史問題を捏造し、ありもしない被害を日本企業になすり付けるのは目に見えています。だからこそ、日本企業は絶対に賠償に応じてはならないのです。

ただし、このような状態が長引くならば、「下手な訴訟リスクを抱えるくらいなら、この国とはビジネス上関わらないようにしよう」と考える日本企業が少しずつ増えていく可能性はあるでしょう。

もちろん、同判決から数年が経過するなかで、「日本企業が続々と韓国から撤退する」という大規模な現象はまだ発生していません。

というよりも、**図表2-1**（67ページ）でも確認したとおり、日本の対外直接投資に占める韓国のシェアはもともと少なく、統計データから確認する限りは、日本企業は現実には韓国を生産拠点、投資対象としては重視していないという言い方もできます。たとえば19年における日本から韓国への対外直接投資の金額は389・8億ドルで、これは日本の対外直接投資全体1兆8583億ドルのうちの約2・1％に過ぎません。

逆に言えば、このような判決が日本企業に下されたこと、韓国政府がその状態を是正しようとしないことは、もともと少ない日本企業の対韓投資がますます先細りになる可能性がある、ということでもあります。

国際法と「仏罰」による制裁

国連国際法委員会とは？

これまでの論考で、韓国の日本に対するさまざまな不法行為、条約違反、約束破りなどの行為に対しては「狭い意味での経済制裁」を適用するのはあまり現実的ではなく、「広い意味での経済制裁」すなわちサイレント型経済制裁、消極的経済制裁、セルフ経済制裁をうまくミックスして、韓国の不法行為の対価を彼ら自身に帰属させていくべきだと結論付けられると思います。

ただし、「経済制裁」とまではいかずとも「対抗措置」についてもいくつか考えておく必要があるでしょう。ここで日本が韓国に対し、何らかの「対抗措置」を講じる際の制約について参考になるのが、国連国際法委員会が２００１年に決議した文書です。

この国連国際法委員会は、１９４７年に「国際法の漸進的発達と法典化を促進する目的」で設立されたもので、国連総会が選ぶ任期5年の34人の委員で構成され、毎年開かれています。同委員会は国際法のさまざまな側面に関連して草案を作成しており、ある項目についての作業が終了すると、国連総会が全権大使による国際会議を開き、草案を条約の形にする、というのが基本的な流れです（たとえば、外国公館に対する尊厳の保持などを定めた『外交関係に関するウィーン条約』なども、この委員会が草案を作り、各国が条約化してできあがったものです）。

これらのなかで、まだ条約化されていない草案のひとつが、01年の『国際的な不正行為に対する国家責任』で、英文では「Responsibility of States for Internationally Wrongful Acts」として公表されています。

ただ、草案段階にあるからといって、条約として機能していないかといえば、そうではありません。同草案は「国際司法裁判所（ＩＣＪ）の判決などで判示された内容を改めて取りまとめたもの」という側面もあるからです。

実際、内容を読んでみると、ごく当たり前のことしか書かれていません。たとえば同草案の「第2章・第2部　損害賠償の形態（Forms of reparation）」によれば、国家による不法行為に関する賠償方式として「原状回復（restitution）、弁償（compensation）、陳謝（satisfaction）」という3つの形態があると示されています（同第34条）。

次に、「第3部・第1章　国家責任の請求（Invocation of the responsibility of a State）」

に関しては、同第42条において「その国家単独に対し、またはその国家を含む国際集団などに対し、何らかの追加的義務を負わせるような被害」を受けた場合には、その国は「被害国」の資格を得るとされます。

また、同第45条において「被害国が請求しない場合には（損害賠償を求める）権利は喪失する」といった趣旨のことが明記されていますが、これも国際社会の慣習に照らせば、当然の話でしょう。また、同草案は条約化されてはいないものの、考え方自体は事実上、国際慣習法として受け入れられつつあるようです。

対抗措置は限定的

ただし、同草案は「日本は韓国への対抗措置を講じても良い」とする根拠条文とは言えません。その理由を述べるうえで、同草案「第3部第2章」に記載されている「対抗措置（Countermeasures）」についても確認しておきましょう。

まず、対抗措置は「相手が損害請求に応じない場合など、やむを得ない場合に限られる」（第49条第1項）とされており、武力による威嚇、人権侵害などを伴ってはなりません（第50条第1項）、発動する前に相手に警告することが必要です（第52条）。また「受けた損害と均衡でなければならない」と規定されており（第51条）、さらにはその結果、相手が賠償に応じたら、その対抗措置をすぐにやめなければなりません（第53条）。

もちろん、日本が厳密に均衡を保つ必要はないと思いますが（著者私見）、同草案を読む限り、明らかに行き過ぎた制裁は国際法に違反すると考えたほうが良いでしょう。

たとえば「日本企業が韓国の裁判所のデタラメ判決のせいで1億円の損害を被った」からという理由で、「世界貿易機関（ＷＴＯ）のルールを無視して韓国に全面禁輸措置を行っても良い」ということでもなければ、「韓国に宣戦布告しても良い」という話でもありません。つまり、この草案は「日本が韓国に対抗措置を講じることができるルール」というよりも、「措置を行うなら最低限、これを守らなければならない」という「国際的な制限」と考えたほうが良さそうです。

そして現状では、同草案を根拠に自称元徴用工判決をもって韓国による「国としての不法行為」が完成したと認定するのは難しい気がします。なぜなら、現時点では韓国国内で「国際法に反する判決が下った」というだけの状況であり、いまだに強制執行は行われていないからです（本書執筆時点）。さらに言えば、「外国の国家による不法行為に対する対抗措置」を包括的に定めた法律自体、現時点において日本国内では整備されていません。したがって、日本政府がとる対抗措置は外為法や民法など、既存の法律を使ったややアクロバティックなものとならざるを得ないのでしょう。

韓国による明白な国際法違反

さて、自称元徴用工判決が下って以降、日本が韓国に対し、この問題の解決に向けてあくまでも国際法に従い、平和的かつ友好的に問題の解決を試みたことがあります。

2019年1月9日、日本政府は韓国政府に対し、外交ルートを通じてこの問題を解決するように協議を申し入れました。これは日韓請求権協定第3条（1）に定める「外交的解決」の手続です。

【日韓請求権協定第3条（1）】
この協定の解釈及び実施に関する両締約国間の紛争は、まず、外交上の経路を通じて解決するものとする

ところが、韓国政府は日本政府からの外交的協議の申入れを無視し、4カ月間放置し

た挙句に、当時の首相が5月15日になって「韓国政府の対応には限界がある」などと述べて、事実上、匙《さじ》を投げてしまいました。だからこそ、日本政府はしかたなく「次のステップ」として、同（2）に定める「仲裁委員会」への付託を決定し、5月20日に韓国に対して通知したのです。

【日韓請求権協定第3条（2）】

（1）の規定により解決することができなかった紛争は、いずれか一方の締約国の政府が他方の締約国の政府から紛争の仲裁を要請する公文を受領した日から三十日の期間内に各締約国政府が任命する各一人の仲裁委員と、こうして選定された二人の仲裁委員が当該期間の後の三十日の期間内に合意する第三の仲裁委員又は当該期間内にその二人の仲裁委員が合意する第三国の政府が指名する第三の仲裁委員との三人の仲裁委員からなる仲裁委員会に決定のため付託するものとする。ただし、第三の仲裁委員は、両締約国のうちいずれかの国民であってはならない。

ところが、この仲裁委員会の委員選任期日（6月18日）までに韓国は委員の選任を行いませんでした。このため、日本政府は翌6月19日に同（3）に定める「第三国仲裁」への付託を決定して韓国に通知しました。

【日韓請求権協定第3条（3）】
いずれか一方の締約国の政府が当該期間内に仲裁委員を任命しなかったとき、又は第三の仲裁委員若しくは第三国について当該期間内に合意されなかったときは、仲裁委員会は、両締約国政府のそれぞれが三十日の期間内に選定する国の政府が指名する各一人の仲裁委員とそれらの政府が協議により決定する第三国の政府が指名する第三の仲裁委員をもつて構成されるものとする。

しかし、この第3条（3）の手続も7月18日の期日までに韓国が仲裁委員を選任しなかったため、結局、自称徴用工問題を解決するための日本政府の努力はすべて無に帰したのです。つまり、韓国は判決自体で国際法に違反しただけでなく、政府によるその後の行動でも国際的な協定に違反してきたのです。

韓国の不法行為は終わらない

韓国に対して「均衡な対抗措置」を講じると警告したところで、正直、あまり意味はない気がします。なぜなら、おそらく韓国は今後も手を変え品を変え、日本に対して不法行為を仕掛けてくるからです。

もちろん、現時点においては日本製鉄などが韓国国内に保有している資産の差押を食らっているという状況にありますので、対抗手段として、韓国が日本国内に保有する資産（たとえば韓国銀行の円建ての外貨準備）を凍結する、といった措置は考えられます。

その際の根拠法として、外為法が使えるかどうかについては微妙ですし、誰がそれを申し立てるのか（外務省か法務省か、など）についてもよくわかりません。

また、韓国が日韓請求権協定を公然と無視したことに対し、通常で考えれば、ICJへの提訴なり、大使の召還なり、いくつか相応の手段はあるはずでしょう。しかし、日本の外務省はその後、これといった措置を行っているわけではありません。

結局のところ、韓国に不法行為をやめさせるためには、サイレント型経済制裁、消極的経済制裁、セルフ経済制裁などのミックスにより、「日本に対して仕掛けるだけの余裕がなくなる状態」に持っていくしかない、という結論に辿り着きそうです。

厳しい「仏罰」を期待する

さて、近年の韓国による日本への不法行為が度を越しているためでしょうか、あまり報じられることがなかったのが、２０１２年に韓国人窃盗団が長崎県対馬市の観音寺などから盗み出した重要文化財の仏像に関する件にも触れておきたいと思います（ちなみに韓国人に盗まれた文化財は、該当する仏像以外にも多数あります）。

この仏像窃盗事件が異例なのは、犯人である窃盗団は13年1月に逮捕され、盗品の一部は押収されたものの、「観世音菩薩坐像」に関しては韓国の「浮石寺」が「14世紀に倭寇によって略奪された」などと所有権を主張し、現時点に至るまで日本に返還されていない、という点です。しかも、仏像については大田地裁が13年2月に「日本の観音寺が正当に取得したということを訴訟で確認するまで、日本に返還してはならない」などとして、浮石寺の申し立てを認める仮処分を出しました。

そのうえで、17年1月には「所有権は浮石寺にある」「（該当する仏像は）正常ではない過程で観音寺に移された」などとして、仏像を保管している韓国政府に対し、仏像の浮石寺への引き渡しを命じたのだそうです（現在は大田高裁にて控訴中）。

本書執筆時点において、この訴訟はいまでも続いていますが、公正な裁判は期待できません。これまでの訴訟を見る限り、韓国は法治国家とは思えないからです。というよりも、そもそも「文化財不法輸出入等禁止条約」に従い、本来ならばこの仏像はただちに日本に返還されてしかるべきでしょう。

さらに言えば、今回の窃盗事件は単なる民間部門の犯罪行為ではありません。韓国人窃盗団が観光ビザで日本に気軽にやってきて、日本国内を荒らしまわっていたという話であり、入国管理と出国管理の杜撰さには驚きます。その意味では、外務省、法務省、財務省税関などの連携が足りません。

また、盗まれた文化財は仏像だけでなく、貴重な経典、仏画などが含まれており、今回の件はまさに氷山の一角に過ぎません。少しきつい言い方かもしれませんが、一連のデタラメな判決を下した韓国の裁判官も、ある意味では韓国人窃盗団の一員のようなものなのかもしれません。

もっとも、著者個人はあまりオカルトを信じないのですが、本件に関しては、あえて「仏罰」という言葉を使いたいと思います。すなわち、仏像の窃盗を韓国の裁判所が許しても、仏様は許さないと信じたいのです。そのうえで、仏罰が韓国に下ることを期待したいと思う次第です。だいいち、韓国に罰を下すのが人間ではなく仏様であれば、べつに国際法を守る必要などありません。

というのは冗談として、私たち日本国民ひとり一人が韓国の不法行為を強く意識すれば、結果的に「仏罰」に近い制裁を下すことができるのかもしれません。

第五章

日韓を普通の二国間関係にしよう

韓国外交の傾向と対策

対韓制裁論執筆のきっかけ

著者が運営するウェブ評論サイト『新宿会計士の政治経済評論』では、２０１８年秋頃から、韓国に関する話題を取り上げる機会が急増しました。その理由はなんといっても、同国の日本に対する不法行為が常軌を逸してきたからです。ただし、その際も基本的には「専門家」としての視点を大事にしてきたつもりです。

その具体例が、自称元徴用工判決における日本企業の在韓資産差押問題です。世の中の評論サイトを眺めると、「資産の現金化はいつ行われるのか」「それが行われた際には日韓関係にどのような影響を与えるのか」という視点の議論が非常に多いのが実情です。しかし、著者は基本的に「資産現金化」が行われる可能性は低いと考えています。その理由は簡単で、法的にも経済的にも難しいからです。

いちおう「なぜ非上場株式の売却は難しいか」について、あくまでも韓国の法令を読んだ限りの知識に基づき、日本製鉄の事例を見ておきましょう。

同社は現在、ポスコと合弁で設立したPNR社の株式の差押を受けています。現在の状況は単なる差押（つまり権利の移転ができなくなる状態）であり、権利そのものが移転したわけではないため、株主としては問題なく権利行使が可能です。極端な話、日本製鉄としては、ポスコとの合弁契約を解消しないのであれば、現在のまま放置していてもまったく実害はありません。

そして、一般に合弁会社の株式には「譲渡制限」が付されているはずです。これは、「株式の譲渡は取締役会の承認を得なければ会社に対して効力を生じない」とする制度であり、この株式譲渡制限が定款に定められている会社の場合、取締役会承認を得ずに株式を購入しても、株主の地位は移転しません。

このため、自然に考えて、仮に韓国の裁判所がPNR社の株式売却を命じたとしても、それを買う人が出現する可能性は低いでしょう。なぜなら、落札する人にとってはせっかく高いカネを払って株式を買っても、どうせ株主としての権利を行使できないからです。

もちろん、PNR社の株式を買う可能性がある者は、複数存在します。

たとえば、（A）日本製鉄やポスコの競合他社であるアルセロール・ミッタルや宝武鋼鉄集団、河北鋼鉄集団などの鉄鋼会社がPNR社の株式のごく一部を購入して、同社の経営に参加しようとする可能性はないわけではありません。

また、（B）韓国国内でカネを持った愛国的な人士が「自称元徴用工を救うため」などと言いながら、これらの株式を購入する可能性もあります。さらには、（C）韓国の政府系ファンド（社会保障基金や政策金融機関など）が買い取る可能性もないではありません。

ただし、（A）の可能性は非常に低いと考えられます。今回、差し押さえられている持分が売却されても、経営に参画できるほどの株式数ではありませんし、なにより譲渡制限が付された状態で、結果的に株式の取得はできない可能性が非常に高いからです。

そうなると考えられるのは（B）か（C）ですが、いずれにせよ、日本政府はこれまで、「日本企業に不当な不利益が生じたら対抗措置を講じる」と匂わせてきたのも事実であり、とりわけ（C）のケースでは「三権分立だから韓国政府は裁判所の決定に関与できない」という韓国政府のこれまでの言い分が崩れます。

このため、あり得るとしたら（B）くらいしかないと思うのですが、果たして韓国にわざわざ非上場株式を買うような物好きが出現するのかどうかは疑問です。

わざと売却困難な資産を差し押さえている

日本製鉄の例に見るとおり、現在韓国側で差し押さえられている資産は、法的・経済的に見て「売却は難しいよ」というものばかりですが、ただ、ここでもうひとつ疑問が生じます。「なぜ彼らはわざわざ売却が困難な資産ばかり狙って差し押さえているのか」ということです。

たとえば、韓国拠点を完全に撤去してしまったとされる三菱重工ならともかく、日本製鉄のケースでは、韓国に対しても鉄鋼などを輸出しているはずであり、「その輸出代金を差し押さえてしまえばよいのではないか」という気がします。

もちろん、鉄鋼業界においては多くの場合、子会社である鉄鋼商社を使って輸出取引を行っているため、あくまでも被告である日本製鉄とは別法人に対する売掛債権の差押はできない、という考え方もあるのかもしれませんが、それにしても不自然です。

おそらくその答えは、「彼らとしては本気でそれらの資産を売却するつもりはないからだ」ということだと思います。

つまり、自称元徴用工らの狙いは、裁判を通じて強制的に現金化を実現することではなく、むしろ交渉の場に持ち込んで、韓国の大法院判決を日本に呑ませることにあるのです。これなど、第一章で説明した「ゼロ対100」理論そのものでしょう。

すなわち、日本が1ミリでも韓国に対して原理原則を譲歩すれば、そこに付け込み、どんどんと譲歩を要求してくるようになります。もともと日本企業には国際法違反の判決に従う義務などないのですが、もし少しでも日本企業が譲歩すれば、それを手掛かりに、ほかの日本企業に対しても譲歩を要求するのです。

「インチキ外交」の数々

ここで、韓国や北朝鮮の重要な行動原理を確認しておきます。それは「5つのインチキ外交」です。それぞれの特徴と具体例を紹介しましょう。①～③については、日本政府が2019年7月に発表した対韓輸出管理適正化措置の際に韓国がとった行動です。

【韓国や北朝鮮が大好きな5つのインチキ外交】

①ウソツキ外交……あることないこと織り交ぜて相手国を揺さぶる外交

（例）7月12日に経産省が韓国の求めに応じて「事務的説明会」を開催したが、韓国は一方的に「第1回目の日韓協議」「韓国は日本に立場を伝えた」などウソの内容を発表し、

経産省が即否定して韓国に強く抗議した

②告げ口外交……国際社会に対してロビー活動を行い、相手国を貶める外交

（例）7月24日にWTO一般理事会で韓国政府が日本の輸出管理に関する運用体制変更の「不当性」を訴えたが、主要国から無視された

③瀬戸際外交……協定や条約の破棄、ミサイル発射、資産売却などの不法行為をチラつかせる外交

（例）8月23日に日本に対し『秘密軍事情報の保護に関する日本国政府と大韓民国政府との間の協定』（俗称「日韓GSOMIA」）の終了を通告したものの、米国の強い圧力に屈し、11月22日に事実上の撤回に追い込まれた

④コウモリ外交……主要国間でどっちつかずの態度をとり、双方に良い顔をする外交

（例）米国の同盟国という地位にありながら、中国に近づくという「米中等距離外交」を展開し、米国を激怒させている

⑤食い逃げ外交……先に権利だけ行使して義務を果たさない外交

（例）米国から軍事同盟で守ってもらうという立場にありながら、米韓同盟の対価としての同盟の義務を果たそうとせず、中国に対して厳しい姿勢をとることができていない

ちなみに①については、第一章でも述べた2018年12月の「火器管制レーダー照射事件」という事例もあります。また、④、⑤については、日韓関係よりも、むしろ米韓関係でよく見られます。

いずれも、とんでもない外交であることだけは間違いありません。

善し悪しの話ではない

もっとも、これらについては、「韓国を糾弾する」という意味で述べているわけではありません。私たち日本人の悪い癖は、こうした話を聞くとすぐ「けしからん」と激高してしまう点にあります。しかし、日本人の価値観で韓国を議論しても、あまり意味がありません。外交で相手を変えることなどできないからです。

したがって、韓国（や北朝鮮）が好むこれらのインチキ外交は「善い」「悪い」という視点で論じるべきではありません。重要なのは、事実として「彼らがそういう振る舞いをしている」ということであり、それを踏まえて私たちがどう行動するか、という点なのです。

結局のところ、インチキ外交に対しては「韓国を説得して、そういう外交をやらせないようにする」のではなく、「韓国がそういう国である」ことを十分に認識したうえで、その相手国が強くなるような事態を避けることが大事なのです。

さらに言えば、韓国という国は日本や米国の後ろ盾があったからこそ、ここまで経済発展することができた、という側面があることを忘れてはなりません。その後ろ盾のひとつである日本が韓国から少しずつ離れていけば、韓国の国際社会における地位にも変化が生じるでしょう。たとえば、欧米の先進国は韓国について「日本の隣国」「日本と類似するアジアの自由・民主主義国」という文脈で捉えているフシがありますが、日韓関係が外国の目から見ても明らかに破断している状況になってくれば、こうした見方は変わってくるかもしれません。

経済以前に基本的価値が必要な理由

脱亜入欧？　脱欧入亜？

まとめに入る前に、改めて振り返ってみたいのが、日本の外交の方向性です。

あくまでも私見ですが、日本の外交には大きく2つの方向性があったように思います。ひとつは「脱亜入欧」、もうひとつは「脱欧入亜」です。俗に「脱亜入欧」とは「アジアを脱して欧州の仲間入りすること」、逆に「脱欧入亜」は「欧州により過ぎた外交姿勢を修正し、改めてアジア入りすること」と位置付けられます。

たとえば、明治維新以来の日本は、「文明開化」などと称して欧州の文物を取り入れようと努力しましたし、「富国強兵」のスローガンもそれなりにうまく機能したためか、日清戦争を制して日英同盟を締結し、さらに日露戦争を制した頃には、日本も「強国」の仲間入りをしました。これが「脱亜入欧」の時期と言えるかもしれません。

ただ、第一次大戦前後くらいからでしょうか、今度は日本のなかに、欧州に対する慢心や対抗心のようなものが芽生えたフシがあります。日露戦争を制し、欧州が大戦で焦土化したのを見て、日本は過剰な自信を身に着けたのかもしれません。その後、昭和以降の日本は国際的な孤立の道を歩み、よりによってナチスドイツと同盟を結び、対中・対米開戦に踏み切り、米国に空襲や原爆で国土を焦土化され、最後はソ連参戦により米中ソ3カ国を敵に回して無残に敗北し、広大な領土を失いました。

戦後は米国との関係を重視し、平和憲法のもとで米国の同盟国として経済発展の道を歩み、今世紀に入って中国に抜かれるまでは、長年「世界第2位の経済大国」としての地位を築き、守ってきました。しかし、1965年の日韓国交正常化や72年の日中国交正常化以降、日本では高度経済成長が終焉し、さらに東西冷戦の終結と前後して日本経済はバブル崩壊に直面し、その後は「失われた30年」に苦しんでいます。

「亜」と「欧」の正体

ただ、「亜（＝アジア）」という表現自体、非常にトリッキーでもあります。たとえば某メディアが「アジアが日本の歴史認識に怒っている」などと主張するときの「アジア」は、地理的な名称ではなく、中国と朝鮮半島のことだけを指しているケースが圧倒的に多いからです。

また、「欧」という表現を読むと「ヨーロッパ」だけのような誤解を与えるのですが、現実には、そうではありません。この「欧」には「米」が含まれているのです。また、「欧」も一枚岩ではありません。大陸国家であるドイツと海洋国家である英国、地理的に両国の中間にあるフランス、といった具合に、さまざまな国が存在するからです。

そこで、あえて誤解を恐れずに申し上げれば、あくまでも歴史的事実に照らして、次のようなことが言えるのではないでしょうか。

・日本の国力が強くなった時期……英米両国との関係が深まっている時期と重なっている

・日本の国力が弱くなった時期……中国、朝鮮半島、ドイツとの関係が深まっている時期と重なっている

つまり、日本が英米両国と仲良くした時期（たとえば戦前の日英同盟期や戦後の日米同盟期）と日本経済が発展した時期は重なっていますし、また、日本が中国、朝鮮半島、ドイツとの関係を深めた時期（戦前の日韓併合や中国進出、日独同盟、戦後の日中・日韓国交正常化以降の中韓進出期）と日本経済が停滞した時期が重なっているのです。

もちろん、これはあくまでも明治維新以来の150年という限られた歴史を振り返ったものに過ぎず、日本と外国との関係が日本経済を強くしたのか、弱くしたのかについての因果関係を証明したものではない、という点にご注意ください。

「欧」「亜」ではなく価値観で判断する

ただし、あえてひとつの仮説を申し上げるならば、平和と繁栄のために重要なのは、「欧」「亜」といった地理的な条件ではなく、むしろ「どんな価値観の国と仲良くするか」という視点ではないかと思います。

「英米両国は自由、民主主義、法の支配といった基本的価値を大切にする国である」「中韓両国は法治主義をないがしろにする国である」「ナチス期のドイツはファシズム、レイシズム国家だった」という点を踏まえるならば「どんな価値観の国と付き合うか」が、国家の盛衰に大きく影響を与えているように思えてなりません。

もちろん、「米国や英国と仲良くしたら良い」「独中韓と仲良くするのは悪い」などと短絡的に申し上げるつもりはありません。あくまでも大切なのは、結論を決めつけることではなく、「なぜ?」を突き詰めて考えることだからです。

ただし、本書の冒頭でも申し上げたとおり、結局のところ外交も「人と人とのお付き合い」の延長で議論されるべきものです。人間同士の関係において「心から信頼できる相手との強い結びつき」を感じることもあれば、「信頼できない相手だが、利害関係のために仕方なしに付き合っている」という場合もあります。国同士の付き合いに関しても、これとまったく同じことが言えます。

国際法違反の判決を下したり、解決した問題を何度も蒸し返したり、ウソをついて我が国の名誉と尊厳を傷つけたりする国と「基本的価値と戦略的利益を共有」できるわけなどありません。また、本書では触れませんでしたが、中国のように都合が悪くなるとレアアースの輸出規制を適用するなどして、経済を政治利用するような国を心の底から信頼できるのか、大いに疑問です。

詰まるところ外交とは、相手国との相互信頼関係を結ぶことができるかどうかにかかっており、その意味では「態度」（我が国の相手国に対する態度、相手国の我が国に対する態度）こそが重要ではないでしょうか。

中韓との関係をこれ以上深めてはいけない理由

本書ではさまざまな経済データなどをもとに、日本が韓国との関係について現状を整理したうえで、「日本にとって、韓国との関係は重要だ」という主張の妥当性について検証しました。その際、「ヒト、モノ、カネ」という、数字で定量化できる部分をもとに、その重要性を判断するという点を重視しました。また、本書では割愛しましたが、著者は同じ分析を中国に対しても行っており、可能なら近いうちに日中関係をテーマに別稿で論じたいと思います。

結論的に言えば、中国、韓国ともに、日本にとって「重要ではない」とは言えませんし、万が一、日中断交、日韓断交のような事態が生じた場合には、日本に生じる影響はけっして少なくないのもまた事実でしょう。

ただし、その際の影響度については、双方に等しく生じるわけではない、という点には注意が必要です。

たとえば「ヒトの交流」を見ると、影響度合いは明らかに一方的です。少なくとも直近のデータで判断する限りは、中国や韓国に渡航したり、滞在したりする日本人よりも、日本に渡航したり、滞在したりする中国人・韓国人のほうが、数的にははるかに多いからです。もちろん、その渡航・滞在目的はさまざまですし、そもそも日本と相手国の人口規模も異なるのですが、それでも「ヒトの交流」という点からは、日中・日韓関係は日本ではなく、中国や韓国の側が深めているのは間違いありません。

次に「モノの交流」という観点に立つと、日韓の場合は「日本が韓国に対して生産設備や中間素材を輸出し、韓国はそれを加工して海外に輸出する」という関係であることが明らかです。これは、韓国の産業が日本に深く依存しているという証拠にほかなりません。また、日中関係の場合は、韓国の場合と同じく日本が中国に対して生産設備や中間素材を輸出しているという点に加え、日本が中国から多大な最終製品を輸入していて、むしろ日本のほうが中国に対する「上得意先」なのです。

さらに「カネの交流」では、世間的なイメージと異なり、日本と中国、日本と韓国の関係は、日本の経済規模に照らすと驚くほど少ないというのが実情でしょう。

その意味で、日中関係や日韓関係が断絶しようものなら、日中あるいは日韓双方が大きな打撃を被るにせよ、中国や韓国が受けるであろう死活的な影響は、日本には生じない可能性が高いのです。

もっとも、日本が現在のペースで中韓との関係を深めていけば、話はまた変わっていきます。とくに産業における基幹デバイスを握られてしまうと、相手国との関係を断絶するわけにはいかなくなります。

こうしたなか、日本はいま一度立ち止まり、「約束を守らない国」「基本的価値を共有しない国」と経済的な関係を深めていくことが国として正しい選択なのか、考え直す必要があるのではないでしょうか。

新宿会計士（しんじゅくかいけいし）
金融評論家／国家Ⅰ種合格者。現在は都内で中小企業を営むかたわら、「読者の知的好奇心を刺激すること」を目的に、独立系ウェブ評論サイト『新宿会計士の政治経済評論』を運営中。これまで専門書を数冊執筆したほか、「国の借金・財政破綻論」のウソを論破する目的で、2020年7月には『数字でみる「強い」日本経済』（ビジネス社）を上梓。

韓国《かんこく》がなくても日本経済《にほんけいざい》はまったく心配《しんぱい》ない

2021年2月28日　初版発行

著　者　新宿会計士

発行者　鈴木 隆一

発行所　ワック株式会社
東京都千代田区五番町4-5　五番町コスモビル　〒102-0076
電話　03-5226-7622
http://web-wac.co.jp/

印刷製本　大日本印刷株式会社

ISBN978-4-89831-835-5

好評既刊

日本学術会議の研究

白川 司

B-331

「学問の自由」を叫び、国の軍事研究を邪魔する一方で、人民解放軍ともつながる中国の機関とは共同研究をいとわない「特権階級・赤い貴族」を徹底解剖。 ワックBUNKO 本体価格九〇〇円

不安を煽りたい人たち

上念司・篠田英朗

B-330

「コロナ」「9条改憲」「学術会議」等々で、政府を批判し、民主主義の危機だと騒ぐ「煽り系」のサヨクの人達。そんなフェイク言論を二人の論客が徹底論破。 ワックBUNKO 本体価格九〇〇円

命がけの証言

清水ともみ

ウイグル人たちの「命がけの証言」に応えて、ナチスにも匹敵する習近平・中国共産党によるウイグル弾圧を、マンガで告発。楊海英氏との告発対談も収録。 単行本（ソフトカバー）本体価格一二〇〇円